一切可以妥当的，便会妥当，准备迎接奇迹！

轻而易举的富足 2

Absolutely Effortless Prosperity

〔美〕彼尚·安裘密 著
陈亦西 李隽昕 译

印刷工业出版社

图书在版编目（CIP）数据

轻而易举的富足. 2 /（美）安裘密（Anjomi,B.）著; 陈亦西, 李隽昕译.— 北京：印刷工业出版社， 2012.7
ISBN 978-7-5142-0443-8
Ⅰ. ①轻… Ⅱ. ①安… ②陈… ③李… Ⅲ. ①成功心理—通俗读物 Ⅳ. ①B848.4-49
中国版本图书馆CIP数据核字(2012)第066306号
版权登记号 图字：01-2012-0989

书　　名：轻而易举的富足2
作　　者：（美）彼尚·安裘密
译　　者：陈亦西　李隽昕

责任编辑：王　彦
出版顾问：黄　玫
校对编辑：朱玉鸿　彭凯茵
出版监制：李耀辉
策划监制：杨　柳
产品经理：沈晔英
特约编辑：沈可成
装帧设计：熊琼工作室
出版发行：印刷工业出版社（北京市翠微路2号 邮编：100036）
网　　址：http://www.keyin.cn　　www.pprint.cn
经　　销：各地新华书店
印　　刷：北京盛通印刷股份有限公司

开　　本：787mm × 1092mm　1/32
字　　数：108千字
印　　张：7
版　　次：2012年7月第1次印刷
定　　价：32.00元
I S B N ：978-7-5142-0443-8

我的祈祷

愿世上每一个人都享有轻而易举的丰盛！
拥有全然的健康、充满爱的关系、经济的独立、
富裕和自由的生活！

愿世上的每一个角落、每一个人
都意识到灵性意识的苏醒，
活出爱、喜悦和轻而易举的富足。

一切如是！

我将此书献给我的母亲

她此刻如在世时一样精彩！

她教导我和指引我的能力，

无论是今天还是以后，

同样对我有非常深远的影响力。

她和我沟通，

依然协助我、引导我，

去体会生命中的和平与宁静。

彼尚·安裘密

序

伴随三十个简单而意义深远的功课，继续我们的旅程。
三十天，转变你的生命！

我将此书奉献给所有已经学习过《轻而易举的富足》第一册
并在生活的各方面见证奇迹和成果的人们！
请现在敞开自己接受第三十一至六十课。
在每一刻散发你内在的光，意识到你是谁。
你们全部都是宇宙伟大的延伸。
我爱你们！
我的祝福一直跟随着你们！

彼尚 Bijan

Contents 目录

引言

课文

导读文章

奇迹日志

附录

时刻谨记彼尚的法则：

一切可以妥当的，

便会妥当，

准备迎接奇迹！

Absolutely Effortless Prosperity | 引言

富足

是有能力敞开心扉

去接受宇宙给予的所有礼物

富足

是有能力知道

享受宇宙给予的所有礼物

是我们的自然状态

是与生俱来的

两个或以上的人
警醒于光的力量
是远远超乎数以百计
活在黑暗中的人

引言

来自彼尚的信息

地球上绝大多数人认为他们就是自己的身体，甚至一些非常开悟和灵性的人处于恐惧和痛苦中时，也这样认为。这样想并不是对或错，而是要意识到无论何时，当我们认为自己就是身体时，就会忘记自己真我拥有的所有力量。

当我们继承了所有有关于身体层面的问题时，生活变得费力和充满挑战。我们越接受这种想法，就越相信这就是我们。带来最差的结果是导致我们不断争吵和抱怨生活，最好的情况也就是我们通过阅读和学习来应对由于自己的这种思想而创造出来的困难。甚至我们还有可能参加这种信念系统的课程，或者通过教授这些信念系统来疗愈自己。

事实上，我们是自己生活的创造者，无论我们相信什么，就会呈现什么。生活只是一部电影：我们的信念系统是剧本，我们是制片人和导演，然后我们选择主角或群众演员的角色。仅仅是靠改变我们的思想和行为，我们就可以选择改变我们的角色或剧本。我的兄弟姐妹们，当你们接触到自己的力量，记起你是谁的时候，在每一时刻生活将是喜悦和美好的。你是宇宙最高级的创造产物，你拥有宇宙所有的力量，你是充满爱和可爱的、有价值的、值得富足的，你是宇宙完美的孩子。睁开你的眼睛，看到真相，然后活在其中。

我对你们每一个人最深的祝愿是：记起你是谁，从此生活在其中，并传递这个信息。我的祝愿是，你会成为一位“已被疗愈的治疗师”。

我爱你，并会一直与你同在。

爱你的指引者，
彼尚

引言

如何使用此书

和《轻而易举的富足》第一册一样，这本书被设计为每天一课的形式。按照下面的四条建议，将确保你在三十天后，轻松不费力地达到最好的效果。

1. 将每一课对应当月的每一天，每个月的第一天从第三十一课开始。对于多于三十天的月份，可以选择一篇你最喜欢的课文再读一次。

2. 早上醒来就立刻读当天课文和导读文章，晚上睡觉前也一样。把课题写在一张小纸条上，或者写在你的手掌心里，或者储存在你的手机中，这样一整天都有机会看到。

3. 记得要做每日功课。

4. 敞开自己接受奇迹，每天分享自己的奇迹。你甚至还可以坚持写奇迹日志。

对于地球上的任何一个人来说，《轻而易举的富足2》是一个强有力的工具，可以将你带到比以往更高的层次和振频。很重要的一点，是在你已经完全自如地掌握《轻而易举的富足》第一册所有功课的基础上，才能达到的层次。换言之，当你知道自己在生活的每个层面都是富足的，并且在每个时刻都充满感激之情时，你就可以开始《轻而易举的富足2》的学习了。

如你之前所学习到的，富足并不是以你拥有多少金钱和权力，甚至你的情感关系或者健康有多棒来衡量的。富足是以你在生命中的每一刻，感受到多少喜悦与和平来衡量的。

如果你有时发现自己处于混乱中，感觉不到和平、喜悦，只要对此过程保持耐心并尊重它。花些时间再次阅读《轻而易举的富足》第一册，信任自己每个月投入在每日课文和阅读中时，喜悦和领悟力会提升到更高的层次。同时记得：当你开始阅读《轻而易举的富足2》时感到和平宁静，就代表你已经准备好阅读这册书了。

我把这些课文和故事奉献给我的兄弟姐妹，引领大家更好地连接自己的能量，它们将会提醒：你一直都是自己生命的掌管者。

引言

信守承诺

我们都熟知宇宙的黑洞，知道无论什么东西从那里经过都会消失，或者进入另一个维度空间。在地球上，许多人可能都没有意识到，我们每个人的内在也有一个这样的黑洞。

我们内在的这个黑洞，会把宇宙给我们的所有礼物——喜悦、和平、丰盛、富足、无瑕的健康和充满爱的关系，在我们能完全地拥抱它们之前全部吸进去。一旦这些礼物被我们的黑洞吸进去，我们在地球上的生活会变得挣扎、困苦和匮乏。

可能现在你在想：“这个黑洞是什么呢？”非常简单，它就是不信守承诺。在内心深处，我们知道宇宙总会信守承诺，并且当我们自己不再信守承诺时，我们就在判别自己不再是宇宙的一部分，跟宇宙分离。带着与宇宙分离的信念，我们就会觉得自己是不值得信任的。借由不值得信任的念头，我们就会更深地评判自己不值得拥有宇宙给予我们的任何美好事物。因此，我们所有关于苦难、匮乏、内疚、负罪的念头都是被不遵守承诺这个黑洞吸入的结果，也是我们忘记了自己是由造物主创造出来，并完全跟他拥有同等能力的结果。

非常重要的是，我们每一个人在每一刻能拥有的宇宙给予我们礼物的程度，和我们信守承诺、遮盖黑洞的程度等同。你已经能完全自觉地遵循《轻而易举的富足》第一册的每日功课，那么你已经能遮盖起你内在的黑洞——你现在的生活就处于喜悦、和平和欢乐中了。

记得在每一时刻信守承诺。

引言
认出每个事件的真相

当发生的事情带给我们喜悦和幸福时，我们毫无疑问地相信它们是来祝福我们的。我们忘记的是，每一件事情的发生都是来祝福我们的。

《轻而易举的富足》第一册的第四课提醒我们，我们并不知道所看事物的真正意义。任何时刻当我们把发生的事件看做是对自己的攻击时，就会带着恐惧和攻击回应，会给自己创造出更多的攻击事件，这就成了一个恶性循环。除非我们能看到意义深远的真相——每个事件只是来祝福我们的，我们没有识别出隐含在事件内的祝福。

这个真相已经显现，并被写在《轻而易举的富足2》

每日功课的最后一行，这样我们就可以一整天把光带到头脑中。这个真理随时提醒我们观感是假象，几乎和事情的实质完全不同。假我没有创造的力量，因此不管到来的是什么，都是来自于宇宙的真我。这就是为什么在每一时刻、每件事情上，我们都要承认这个意义深远的真相——它的到来，是给我祝福的。

引言

和世界分享你的奇迹

在《轻而易举的富足》第一册，你了解到奇迹是一种自然发生的状态——它们是无条件爱的彰显。你也了解到当爱的流动被阻挡，假我的混乱会取而代之，在你的生活中似乎没有奇迹发生。要记得，奇迹是通过对观点的改变而创造出来的。当你向宇宙寻求帮助，通过宇宙的眼去看而不是通过假我来观感，奇迹就会发生了。

当你使用这本书的时候，就会发现每天都会敞开自己接收到越来越多的奇迹。当你接收到它们时，请记得不仅仅是接收，分享奇迹也同样重要。每天分享奇迹可以疗愈疏离、恐惧、内疚和愤怒带来的情绪。记得和这个世界分享你的奇迹，通过分享，你增强了自己的力量，可以敞开接收更多。

本书的每日练习课程，让你专注于和平、喜乐、爱和富足中，学习如何更加主宰你的思想，你会很快注意到自己开始对每个处境都有不同的想法，而且真正地体验一种更加从容、自在的生活。

Absolutely Effortless Prosperity

课文

宇宙正在安排一切

因此你无须担心

请放松

释放恐惧

选择快乐

★特别提示

每当你感觉到不平衡、不安或者体验到任何的混乱时，请重新阅读引言来把自己带回到和平。经常记得跟自己说：“它的发生，是来祝福我的。”

31

第一天　第三十一课

宇宙通过我来表达

我知道我是真正的宇宙之子，是无条件的爱。领悟到这个真相，让我觉察到，说的每一个词都是宇宙的表达。今天和每一天，我选择所说的话都只是来源于内在无条件的爱——那里是和平、光明与真理存在的地方——因为这才是真正的我。

导读文章

《无限的信念》（P.049）
《给彼得的信息》（P.052）

今天功课

至少给一个人真诚的赞美。

肯定语句

在每一件事情上，
只说："它的发生，是来祝福我的。"

32

第二天　第三十二课

我只听带给我喜悦的

我觉察到我所听到的，都会影响我的头脑思想，而思想创造我们周围的世界。我也知道分享奇迹时，我体验的是喜悦与和平。喜悦与和平是每时每刻我给自己的选择。因此，今天和每一天，我警醒于倾听其他人分享的奇迹。我感受到其他人的幸福，并带给我喜悦。

导读文章

《关闭黑暗之门》（P.054）

今天功课

今天警醒于你的欢笑。

肯定语句

在每一件事情上，
只说："它的发生，是来祝福我的。"

33

第三天　第三十三课

我看到自己和他人的光

正如我听到的会影响我一样，我看到的也同样影响我。我知道我的思想是让事情发生和对自己信念的根源。当我在其他人身上只看到爱和光时，反射回来就会看到我究竟是谁，这是真正的我，过去存在，也将一直存在。我知道只有爱和光是真实的，我把自己奉献给这个实相，并且分享给我的兄弟姐妹。今天和每一天，我看到自己和他人的光。

导读文章

《霍瑞姨妈》（P.056）

今天功课

今天默默地赞叹每一个人。

肯定语句

在每一件事情上，
只说："它的发生，是来祝福我的。"

34
第四天　第三十四课

我敞开自己去认知我所看到的真正意义

当我敞开自己跟随真我的指引，我所看到的真正意义会毫不费力地出现。我不需要做什么就可以清晰地接受到，因为“做事情”是属于身体层面的。我只需要打开自己接受真我的指引。一旦我知道和领悟这个，和平的感觉就会包围我。今天和每一天，我敞开自己去认知我所看到的真正意义。

导读文章

《否认“拒绝接受现实”》（P.061）

今天功课

“在这个事情中，我真正想要的结果是什么？”

肯定语句

在每一件事情上，
只说：“它的发生，是来祝福我的。”

35
第五天　第三十五课

光永远在这里

当我闭上眼睛拒绝光明，也就是拒绝唯一的实相，黑暗和幻象对我来说就变为真实。我越多地进入黑暗和幻象，就越感到这是真实的。真相是光从未离开，我只是没有选择去看它。光、爱和喜悦永远都在，它们和我是一体的，它们就是我。我可以闭上眼睛看黑暗或者睁开眼睛朝向光，每一刻我都可以选择。从此刻开始，今天和每一天，我要睁开眼睛只看光，那个就是真我。

导读文章

《光》（P.064）

今天功课

认可你自己很精彩美妙。

肯定语句

在每一件事情上，
只说：“它的发生，是来祝福我的。”

36

第六天　第三十六课

我就是光

光不可能知道黑暗，我也一样。我走到任何地方，触碰到的任何东西都有我的爱和光的祝福。在和兄弟姐妹分享我的爱和光时，我带来和平，这是我的目标，疗愈是我的任务，我认可关于我这方面的真相。今天和每一天，我觉察我的真实身份，我就是世界的一道光。

导读文章

《栩栩如生的梦境》（P.065）

今天功课

看镜子，看到自己内在的光。

肯定语句

在每一件事情上，
只说："它的发生，是来祝福我的。"

37

第七天　第三十七课

我生命的各方面都是富足的

在这个课程里，不是“我拥有富足”——而是意味着，我就是富足本身。我慷慨是因为我知道自己是无限的。我越给予，越接近真实的自己。作为一个创造者，我非常富足。富足就在我的内在，通过我对其他人的奉献而呈现在我的生命里。今天和每一天，在我生命的各方面，我非常富足。

导读文章

《未来的恐惧》（P.069）
《过去、现在和未来》（P.071）

今天功课

对你拥有的所有美好的东西表达感谢。

肯定语句

在每一件事情上，
只说：“它的发生，是来祝福我的。”

38

第八天　第三十八课

我是全然和完整的

当我知道自己是全然和完整的，我认出所有的兄弟姐妹都在为我作贡献。为了让我全然地体验生命，他们提供了所有我需要的。这个认知——而我肯定这是内在的认知——允许我为每一个人传递喜悦、和平的感受。今天和每一天，我知道我是全然和完整的。

导读文章

《要记起我们是谁》（P.073）

今天功课

放下你的需求，专注你所拥有的。

肯定语句

在每一件事情上，
只说：“它的发生，是来祝福我的。”

39

第九天　第三十九课

每个人都值得轻而易举的富足

现在我意识到我们都是宇宙的孩子，都值得轻而易举的富足，我不再看待自己和兄弟姐妹是分离的。我知道我们都是整体的一部分，这个整体是完整和富足的。这种觉知带给我全然的和平与喜悦。今天和每一天，我意识到每个人在生命的各个方面都值得轻而易举的富足，包括我自己。

导读文章

《富足的觉察》（P.075）
《轻而易举的富足》（P.079）

今天功课

对于今天遇到的每一个人，都祝福他们获得轻而易举的富足。

肯定语句

在每一件事情上，
只说："它的发生，是来祝福我的。"

40

第十天　第四十课

我一直在接受宇宙的所有礼物

今天我选择感恩宇宙给予我的丰盛，我知道宇宙非常开心我敞开自己去接受它给予的所有礼物。我越接受喜悦、和平、爱和轻而易举的富足，宇宙越开心。当我和兄弟姐妹分享这些礼物时，我会得到更多。今天和每一天，我一直在接受宇宙给予的所有礼物。

导读文章

《假我的迷宫》（P.083）

今天功课

今天想象你张开双臂，接受丰盛和所有美好的东西。

肯定语句

在每一件事情上，
只说："它的发生，是来祝福我的。"

41

第十一天　第四十一课

我给予等同我接受

真相是我拥有一切，这一切永远为我提供充足。然而，如果我忘记了这个真相，我就活在匮乏当中；我就会相信自己是不足够的，这个世界是不足够的。因此，为了证实我拥有，我就给予，我越轻松地给予，越获得更多。这让我保持连接自己的实相——我是一切，我拥有一切。今天和每一天，我给予，因为我知道我拥有。

导读文章

《给予你自己，因为你是值得的》（P.085）

今天功课

看看周围，感恩你被给予的一切，并祝福它们。

肯定语句

在每一件事情上，
只说："它的发生，是来祝福我的。"

42

第十二天　第四十二课

爱是我的实相

我知道，毫无疑问地，我是被宇宙的爱与祝福包围着的。这是我的实相。然而，我也知道我很有力量，要陷入恐惧并且相信它也同样容易。但是为什么我情愿选择恐惧而不是快乐，混乱而不是和平呢？当我被真正的爱、喜悦、和平和健康包围时，我感觉更开心。今天和每一天，我选择爱的实相。

导读文章

《爱是什么》（P.088）

今天功课

想一个你最爱的人，把内在最强烈的爱带出来。

肯定语句

在每一件事情上，
只说："它的发生，是来祝福我的。"

43

第十三天　第四十三课

我的头脑完全和平

和平是我头脑的原本状态，无论在任何的时间、地点或状况，我都能够获得和平。每一个当下，我都知道这个并感谢它。每当我遇到不和平的事，我会从那个情境中抽离出来，记起和平是我的本质和终极目标，除此之外，我不需要其他。今天和每一天，我的头脑完全处于和平中。

导读文章

《退出混乱》（P.089）
《全然记起》（P.092）

今天功课

远离喧闹，并放下它们；让自己处于安静的空间，
感谢内在的和平。

肯定语句

在每一件事情上，
只说：“它的发生，是来祝福我的。”

44

第十四天　第四十四课

出现在我生命中的都是对我最好的

每一天，我的生命都变得越来越轻松，这是因为我听从真我的指引而不是假我的控制。现在我知道发生在我生命里的都符合我的最佳利益。这份觉知让我很容易信任我的兄弟姐妹，而且这份信任随着时间与日俱增。今天和每一天，我期待着，并知道出现在我生命中的都是对我最好的。

导读文章

《每个人都可以》（P.095）

今天功课

问自己渴望的是什么，然后放下它，出来的结果就是最适合你的。

肯定语句

在每一件事情上，
只说：“它的发生，是来祝福我的。”

45

第十五天　第四十五课

我是永恒的

我知道我是永恒的真我，永远不会死亡。我也知道当我在真我的意识之光中成长时，时间的存在提供给我疗愈头脑的机会，我会智慧地利用时间。我拥有一切我需要的。今天和每一天，我对自己非常有耐心，因为我知道我是永恒的。

导读文章

《我不是我的车》（P.098）
《做梦》（P.105）

今天功课

今天，对你看到或想到的每一个人传递爱。

肯定语句

在每一件事情上，
只说："它的发生，是来祝福我的。"

46

第十六天　第四十六课

我的灵感来源自挚爱的宇宙

我只敞开接受来源自挚爱的宇宙的灵感，拒绝假我思想体系的进入。因为我完全警醒于光，只接受喜悦的灵感，正是这种灵感让我活在当下。今天和每一天，我充满和平与安宁，知道所有灵感来源自挚爱的宇宙。

导读文章

《实现你的想法》（P.107）

今天功课

欢迎你充满爱的灵感，并释放所有黑暗的思想。

肯定语句

在每一件事情上，
只说："它的发生，是来祝福我的。"

47

第十七天　第四十七课

我的生命充满了奇迹

在我记得自己是谁的每一个时刻，我都能意识到我美妙的人生中充满了精彩的奇迹。当我和兄弟姐妹分享奇迹，并把它们扩展和发布出去，我将会接受更多。今天和每一天，我不断感恩宇宙给予我的很多奇迹。

导读文章

《在健身房锻炼》（P.111）

今天功课

今天期待很多的奇迹。

肯定语句

在每一件事情上，
只说："它的发生，是来祝福我的。"

48

第十八天　第四十八课

我是和平的

当我跟随真我的指引，我的生命是和平喜悦的。我感恩整个世界——我所有的兄弟姐妹——为我生命作出的贡献。我清晰地看到他们都极尽所能地为我带来和平、爱、喜悦与幸福。今天和每一天，我意识到自己的一切所需都被提供，让我得以时刻处于和平当中。

导读文章

《谁是真正的你》（P.113）

今天功课

在每一刻，都感谢自己那充满爱的光。

肯定语句

在每一件事情上，
只说："它的发生，是来祝福我的。"

49

第十九天　第四十九课

我是可爱和充满爱的宇宙之子

我知道我是可爱和充满爱的真我，这是我要跟所有兄弟姐妹分享的特质。这个真相——我可爱而且充满爱——在我生命的所有方面清晰呈现。我在我的富足中看到它——每个人都愿意贡献给我；我在我的关系中看到它——每一段关系都是神圣的；我在我的健康里看到它——是无瑕的；我甚至在我和平的头脑中看到它——是完整的。今天和每一天，我幸福地知道我是可爱和充满爱的宇宙之子。

导读文章

《宇宙的一个孩子》（P.116）

今天功课

看待你自己像一只可爱的、令人想抱的泰迪熊。

肯定语句

在每一件事情上，
只说："它的发生，是来祝福我的。"

50

第二十天　第五十课

恐惧并不存在

恐惧是爱的匮乏。如果我处于恐惧当中，就意味着爱——我的源头——必定缺失。由于我的源头从来都没有在任何时间、地点、状态或情况在我生命中缺失，所以恐惧必定是幻象。只有我不在当下，才会相信这个幻象。当我放下对恐惧的信念，我就允许自己回到当下的实相，回到自己的源头所在。今天和每一天，我知道恐惧并不存在。

导读文章

《童年的恐惧》（P.119）
《假我与蛇》（P.123）

今天功课

今天警醒于光。

肯定语句

在每一件事情上，
只说："它的发生，是来祝福我的。"

51

第二十一天　第五十一课

我是宇宙之爱

对于宇宙，我是他珍贵的孩子。他充满爱的注视，是给予我的绵绵不绝的和平的礼物，我敞开自己去接受。我知道我的真实身份，这份觉知让我处于狂喜中。今天和每一天，我是宇宙的爱和喜悦。

导读文章

《在喜悦和欢笑中学习》（P.125）

今天功课

今天留意每个人是怎样贡献爱给你的。

肯定语句

在每一件事情上，
只说："它的发生，是来祝福我的。"

52

第二十二天　第五十二课

无条件的爱包围着我

宇宙是无条件的爱，并且无所不在，如果我的内心感觉不到它的爱，它就会通过兄弟姐妹和外在的事情来表达什么对我是最好的。当我敞开观感，我意识到生命中的每一个体验都是一个机会让我连接到挚爱的宇宙，从而支持我的成长和幸福。今天和每一天，我被无条件的爱包围。

导读文章

《无条件的爱》（P.127）

今天功课

通过每个人的内在，看到无条件的爱。

肯定语句

在每一件事情上，
只说：“它的发生，是来祝福我的。”

53

第二十三天　第五十三课

宇宙全然地信任我

因为我毫无疑问地全然信任宇宙，所以在内心深处，我知道它也同样深信我。我觉察到每个当下所体验的都是一个奇迹和机会，让我意识到我的伟大和宇宙无条件地信任我。今天和每一天，我知道宇宙全然信任我。

导读文章

《感受与情绪》（P.130）

今天功课

今天，去信任每一个人，因为你是值得信任的。

肯定语句

在每一件事情上，
只说："它的发生，是来祝福我的。"

54

第二十四天　第五十四课

源头和我是合一的

一旦我去除头脑中隐藏的内疚、恐惧和负罪感等幻象，就可以回到真实的自己。源头和我是合一的。生命是如此喜悦、和平和轻松，我要做的就是对真我和所有的兄弟姐妹表达感谢。今天和每一天，源头和我是一体的。

导读文章

《你是所有的一切》（P.132）

今天功课

今天，感受和你见到的每个人是一体的。

肯定语句

在每一件事情上，
只说："它的发生，是来祝福我的。"

55

第二十五天　第五十五课

我感恩宇宙掌管一切

我生活得很完美，原因是我脱离了假我的掌控，允许真我来安排一切。记得以前当我把权力交给假我时，每天都在矛盾和混乱中挣扎。然而现在，真我引领我的思想，我生活得和平而轻松。今天和每一天，我感恩我的真我掌管一切。

导读文章

《放下过去》（P.135）
《如果我能拥有》（P.138）

今天功课

今天，放下控制是你的最佳利益。

肯定语句

在每一件事情上，
只说：“它的发生，是来祝福我的。”

56

第二十六天　第五十六课

我是自己的创造者，我祝福自己

我意识到我是一个非常有力量的创造者。我知道生命中所有的发生都是我自己思想的显现。我的思想创造了周围的世界，当我改变思想去反射我的源头之光时，我不再看待自己是一个受害者。我深深地觉察到我是如此的幸运和丰盛。今天和每一天，我是我自己的创造者，我祝福自己。

导读文章

《生命的方向》（P.141）

今天功课

接纳无论发生什么，都是你想要的。

肯定语句

在每一件事情上，
只说：“它的发生，是来祝福我的。”

57

第二十七天　第五十七课

宇宙的意愿就是我的意愿

当我的意愿与宇宙的意愿合一时，我的生活很美好。我不再为评判和决定挣扎，也不再担心是否正确，因为宇宙知道每时每刻什么最适合我。现在我的生命里充满和平与喜悦，我所有的愿望和梦想总是轻松呈现。今天和每一天，在每一件事情上我跟随宇宙的意愿。

导读文章

《每个人都在最佳位置》（P.143）

今天功课

今天接纳一切。

肯定语句

在每一件事情上，
只说："它的发生，是来祝福我的。"

58

第二十八天　第五十八课

我看见到处都是无条件的爱

环绕四周，我看到一切的人、事、物都是无条件爱的显现。从兄弟姐妹的眼睛里，反射出源头的慈悲和仁爱，在他们充满爱的行动中，反射出源头的和平和喜悦。我知道，这里的一切人、事、物都是无所不能的源头对我的感激、爱和照顾的体现。今天和每一天，我只看见到处是无条件的爱。

导读文章

《用有意识的思想创造》（P.145）

今天功课

今天留意鲜花、笑脸和所有美好的东西。

肯定语句

在每一件事情上，
只说："它的发生，是来祝福我的。"

59

第二十九天　第五十九课

我认同我的真我

我认可内在的那个我，知道他和我的源头是一体的。我的真我超越我的身体、思想，甚至超乎想象。他不可思议地巨大，以至于地球上没有任何东西可以承载。今天和每一天，他是全能的宇宙本源。

导读文章

《正确的选择》（P.147）
《离开身体之后我们去哪里》（P.149）

今天功课

爱自己。

肯定语句

在每一件事情上，
只说：“它的发生，是来祝福我的。”

60

第三十天　第六十课

我时刻连接无条件的爱

无条件的爱与我的连接是如此地敞开和清晰，在任何时刻，任何事情里我都能感受到、看到、听到和了解这个真相。这个真相带给我如此和平、喜悦、宁静的感受，我遇到的每个人都可以从我的眼睛里看到。这是我要的生活，这种快乐是我期盼的。现在我拥有无条件的爱，我开心地期待体验它的每个时刻。今天和每一天，我时刻连接无条件的爱。

导读文章

《合一》（P.152）
《王牌》（P.155）

今天功课

与内在真我对话与倾听。

肯定语句

在每一件事情上，
只说："它的发生，是来祝福我的。"

Absolutely Effortless Prosperity | 导读文章

奇迹总是无处不在

当你不能体验到奇迹时
你只是看错了方向

31
导读文章
无限的信念

对于我们来说，时刻觉察信念系统是非常重要的，因为它会创造我们的生活。我们说的话和听到的内容，如果自己感到舒服和轻松，也都是自己信念系统的结果。

如果我们有着“来得容易，去得快——没有付出就没有收获——只有努力才可以进步——必须付出才可以实现”这些信念系统的话，那么，轻而易举的富足是不可能实现的。我们都听过类似的话，很多人也说过类似的话，但从来没有思考过它们的出处。

最初，这些信念是由那些带着强大假我和恐惧的人出于对金钱和权力的需要而创造出来的；随着时间的流逝，其他人把他们的信念系统加进来，用自我设定限制的信念代替了无限。现在，这些错误和有限的信念依然在传递，它们就像磁铁一样把我们从充满喜悦的自然状态中拉下来，牢牢地固着在地球上。

我经常疑惑地听到一个人说没有什么东西可以轻松获得，同时下一分钟里又抱怨别人的富足为何来得如此轻松和容易。这让我疑惑，也是最让宇宙困惑的。

首先，宇宙给予那些自我设定限制的人所要求的，也就是没有任何东西来得容易。然后，它听到这个人抱怨没有什么东西可以轻松获得，同时比较自己和他人——那些没有设定限制而轻松获得富足的人。最后，为了让这个自我设定限制的人相信他的矛盾信念是“对的”，宇宙呈现给他的是，即使努力工作也得不到他想要的。

因此，我们不仅要留意说的话，同时还要觉察听到的和认同的，都会被我们创造出来。我们必须永远记住，只要有一个，即使是很小的关于实现轻而易举的富足的矛盾思想，我们就不可能得到它。

真相仍然可以在那些没有被灌输有限信念系统的婴儿和孩子们身上发现：他们不需要做什么，就可以得到任何他们想要的。想一想他们，记住你也是一个来到地球的无限生命。请记住，觉察无限——用天生就是无限的替代自我有限的信念。你不需要去学习更多，无限会带你更靠近光。

31

导读文章

给彼得的信息

这本书刚发行时，我每天晚上六点钟带领一个“轻而易举的富足”的学习小组。这是一个很大的团体——来自各地，有三十至七十人—— 但是我对每一个人都很熟悉。

一天早上，在我常规冥想时，高级智慧说，它有一个信息要传递给 个学习小组的一个成员。它说：“告诉彼得要利用轻 举的富足接受光，而不是生意。”

我很理解这些话，因为我也留意到每次彼得分享他的奇迹时，总是有一个关于他生意的负面信息，并经常抱怨他需要更多的客户。我告诉高级智慧，我留意到彼得所做的，但是要告诉他，感觉不太舒服。高级智慧说：“只是传递我的信息——不要评判它。”我有点不情愿地同意了。

晚上课程开始之前，我见到彼得，告诉了他这个信息。他的镇定让我很吃惊，他只是简单地说“好的”，然后谢了谢我。我留意到当天晚上他分享奇迹时，只分享光，不再提他的生意了。

第二天晚上的课程中，彼得告诉学习小组，他昨天晚上接到我高级智慧的信息——只分享光，当他接到这个信息后，立即释放掉了想在这个“轻而易举的富足”小组中得到新客户的想法——就在放下的第二天，非常多的新客户来找他。

两周之后，彼得分享他生意的巨大奇迹，赚了很多钱，富足很轻松地迎向他。通过他的奇迹，彼得认识到，只要经常警醒于光，并且真正打开自己去接受时，轻而易举的富足很容易实现。

32

导读文章

关闭黑暗之门

在你学习轻而易举的富足的原则时，非常重要的就是要时常觉察光。通过每天持续活在功课里，你会经常觉察到你不但打开了头脑去接收光，而且也可以把光传递出去。

总之，你会通过三十天的功课超越疗愈和成长的阶段，会希望避免任何阻碍你进步的东西。换言之，你希望关闭黑暗之门。这可能会改变你经常做的事情。

比如，避开新闻和充满混乱、暴力和假我价值观的任何人或事情是很好的。就像你在感冒刚好时需要远离寒冷一样，当你放下假我时会希望远离黑暗。

体验了三十天课程后，你将会如此和平——会和真我与高级智慧连接——会立即知道事情是带给你和平还是混乱。这时候，很多需要暂时回避的事情，你将不再感兴趣。

如果你希望恢复看新闻，最好是在你有能力改变对新闻的观感之后再做。换言之，看新闻但不被它影响。这意味着你必须足够强大，足够敞开，直到了解世界上发生的黑暗是完全没有意义的。事实上，我们是一体的，我们所有的体验都是今生我们选择要体验的功课。

33

导读文章

霍瑞姨妈

妈妈去世后不久，我开始很想念她的妹妹，她是我唯一的一个在世的姨妈。尽管这几年我们来往不多，但她一直是我最爱的姨妈。现在妈妈去世了，我希望能像对待妈妈一样，和她分享爱和喜悦。于是，我决定每个周日早上七点，在去健身房的路上跟她通电话。

我为自己以后可以每周和姨妈通电话感到兴奋，然而，在和她通话的第一个周日，我沮丧了，能量降得很低。她的整个谈话都是在说她的生命很悲惨，身体很糟糕，甚至还抱怨天气！我决定在未来的几个月内不联系她了。

第二次去电话时，我们的对话还是一样，她抱怨所有的人和一切。“我心爱的姨妈到底怎么了？”我很疑惑。我很怀念妈妈，希望有人关心姨妈，但是这样不管用。

我决定去问我的高级智慧该怎么办，我解释说我真的很爱姨妈，希望和她保持联系，但是她说的都是沮丧和负面的话。我的高级智慧大笑：“为什么告诉我这个？你应该告诉她。这件事情我帮不了忙。”

“但是我不希望她失望和不再爱我呀！”我回答，“此外，我觉得说出来会伤害她。”

“你姨妈是宇宙之子。”它说，“当你告诉她真相带她走向光时，她永远都不会受伤。她的假我可能会受伤，但如果你担心伤害她的假我，那么你也是在用假我思考。放弃需要被认可和需要被爱的愿望吧，只要警醒于光。如果觉察到光，你就永远不会失去姨妈的爱。”

接下来的周日我去电话给姨妈。一听到她开始抱怨，我立即阻止她说：“姨妈，你一直都是我心爱的姨妈，我非常爱你，但我不希望听负面的话。当你总是抱怨时，我的能量变得很低。”

“我只是在告诉你我生活上实际发生的事情。”她说。

我解释，即使你的生命真是这样，我也不希望听到。她变得很安静。我问她是否还有其他话要说，静默了一会儿之后，她说没有。

挂了电话，我觉得很失落，因为事情没有像我希望的那样发展。

下周去电话时，我问她好吗？她只是回答“好”。我问她是否有其他想和我说的，她说：“你已经告诉我了，我不应该说那些让你一天都不开心的话，所以我选择不说。”

我开始大笑：“姨妈！你就这样等了一周报复我吗？”

“不是我报复你。”她回答，“我只是不想你整天都是坏心情。”

我感谢了她，告诉她我很感激。然后我说：“让我告诉你一些最近听到的笑话吧。”她听后开始笑了起来。我告诉自己：有起色了，彼尚。我又讲了另外一个笑话，然后又一个，这次姨妈笑得更厉害了。在我们挂电话之前，我跟她分享了自己生命中的奇迹和丰盛。当我们说再见时，彼此的声音里都透着欢乐。

此后，每个周日我都跟她通话，随着时间的流逝，她越来越敞开接受光。有一次，哥哥打电话告诉我，他刚和姨妈通完话，姨妈一直在急切地等我的电话，因为和我谈话是她一周内最快乐的时光。她说：“和他谈话我什么也不用担心，只是大笑和享受自己。”

就像很多人一样，姨妈也相信，让别人看到她生命中越多的悲惨，就越能从别人那里获得更多的爱。她相信人们会认为她是一个好人，会同情她，因为尽管她生活得如此糟糕，她仍然可以勇敢面对。但是，很快地，通过我们每周的通话，她开始意识到快乐来自光，不是黑暗。通过和我分享光，她明白了自己一直都是被照顾的。

我们的每周一次的通话持续了好几年，这段时间内她没有再和我说过负面的话。每周日和她谈话之后我都觉得很快乐。我有一个这么好的姨妈，可以传递这么多的爱和光，我感觉拥有她是我生命的祝福。

34
导读文章
否认“拒绝接受现实”

我每天都去健身房。在那里我认识的很多人都这样问候彼此：“早上好，你好吗？”我经常听到的回答是“很好”、“不太好”、“一般”，或者是“噢，今天是星期一啊”，“感谢上帝今天是星期五”。看上去就像当天他们要扮演一个重要的角色。而每次我被这样问候时，我总是回答：“非常好。”

一天早上，我在健身房见到一个精神病医师朋友。她问候我时，我也一贯回答：非常棒。“彼尚，”她说，“我必须要给你一些建议。”我很好奇她要给我的建议，于是停下健身。“你在拒绝接受现实。”她声称。她的诊断让我很吃惊，我问为什么她会这样想呢？“三个原因。”她说，“首先，因为你总是回答非常棒；其次，因为你永远开心；第三，因为没有什么是可以永远开心的。”

我感谢了她的建议之后继续健身，回家后我立即去冥想。高级智慧很快出现，问我发生了什么，我解释是我的朋友，一个精神病医师告诉我，我在拒绝接受现实。“她是对的。”它说，“从她看世界的角度，你的确是在拒绝接受现实。然而，你必须意识到她忘记了自己是谁，她不知道那个来自她的假我。真相是她才是拒绝接受现实的那个人。她否认了自己与你、与所有的兄弟姐妹是一体的——她否认她存在的伟大。此外，她已经习惯了这种否定很长时间，以至于觉得很正常。因为这就是她的实相，她会用这个标准，把任何与她不同的人评判为拒绝接受现实。

我的高级智慧继续说：“彼尚，我的孩子，你不是一个痛苦的创造者，也不是一个受害者，更不是一个充满恐惧的身体，你是一个没有内疚的宇宙的孩子——你是宇宙源头的延伸。你知道你是谁，正因为你知道，所以你才否认‘拒绝接受现实’。最后，当你的朋友经受足够的痛苦和黑暗之后，她就会开始看到自己和他人内在的光。”

听完它的解释后，我感觉好多了。现在，每当我见到这个朋友，都给她传递爱和光，只记住她是伟大的。

35
导读文章
光

我的高级智慧说："你用很多方式传递光。一些净化和自由的人允许光进入并传递给其他人，同时也提升了他们自己的振频、能量和光。"

"那些自身有问题或者和你有障碍的人，"它继续说，"不允许光的进入，光就在他们的内在消失了，不能把他们带到更高的振频，光在他们那儿终止了。"

我的高级智慧总结说："我和你不能选择把光带到哪里，但可以选择是否传递光。那些像玻璃一样透明的人允许光穿越他们，那些不透明的人会让光消失。"

36

导读文章

栩栩如生的梦境

在学习《古兰经》、《圣经·旧约》、《圣经》和巴哈教派的教义时，我学习到这些圣书上的很多先知们更多会传播真理，而不是保护它们。事实上，他们对真理的觉察超越一切，包括他们的身体。

一天早上冥想时，我问高级智慧关于这个问题。它说：“我知道你要问这个，这就是昨晚你为什么要做那个梦。还记得吗？”

我仿佛回到了逼真的梦里。我在玩耍，但为了不受伤，玩得很小心。正当我在梦中小心翼翼地玩耍时，儿子走进了我房间隔壁的厨房，把我吵醒了。我稍微醒来，意识到自己在做梦。突然我的态度改变了，我不想再小心翼翼、担忧地玩了，我变得很勇敢，开始在地球上飞，去看那些我经常想看的东西。

我真是很享受自己，但是我又想，如果可以和其他人一起分享会更好，飞行如此好玩，我希望每个人都来体验它。

开始时，我只邀请了几个人参加，后来，又加入了几个，最后我们几百个人一起飞行享受这个美好时光。当一个新人问我，他是否会从空中掉下来，我大笑并向他保证每个人都是安全的，没有人需要担心掉下去的事情。“我们只是在做梦。”我继续说，“我们来这里只是为了玩。”

接着，我们继续飞，飞越整个星球，享受每个时刻，邀请更多的人加入，直到我们队伍里的人多得不计其数，所有人都度过了如此美妙的时光！然后，我醒了。

“我记得那个梦的每个细节，”我回答，“非常开心！”

“彼尚，”高级智慧回应，“现在你明白为什么先知们都不在乎世间的事情——甚至他们的身体。他们意识到这个世界只是一个梦，没有必要退缩或者安全地玩。”高级智慧进一步解释，“每一个先知出现的目的和作用，都是带给人们觉知，觉知他们在哪里，以及了解这个世界不是真实的。这个星球只是一个我们选择要待一段时间，享受快乐和感恩生活的地方。”

我明白它所说的。我们来这个星球不是为了安全，而是为了体验。所以，没有必要点燃小小的火柴借助一点点光，看看我们从何而来，去向何方，我们本身就是太阳之光。我们不是渺小的、微不足道的生物，而是伟大的存在体，我们的双手带着太阳之光来点亮世界。我们向其他人展示——那些还没有意识到的人——他们的手上同样也有太阳之光，他们唯一需要做的就是看到它。

“挚爱的兄弟，”高级智慧说，“你来这里不是为了接收光，而是为了传递光。当你连接到内在的自己，就会点亮整个世界。很快，你的兄弟姐妹也同样可以做到。很快，我们就可以全部回到我们的源头，我们将在那里一起庆祝喜悦。”

现在，我千真万确地知道，我的梦境和那些圣书的真实意义了。

37

导读文章

未来的恐惧

《轻而易举的富足》课程教导我们，未来总是关于恐惧。我真的很想了解这个概念，所以决定拿我的一宗房地产生意做试验。这宗生意当时是一宗三方契约，计划在三十天内完成。

我把这宗交易的所有积极面都想过：一、它会很轻松成功；二、我会赚很多钱；三、将会是一次很好的体验。

然后，突然一个念头出来：可能不顺利——可能会出问题。我立刻充满恐惧。“哇，来得真快！”我想。真是不可思议，当我想未来的时候，恐惧会呈现得那么快。

现在我明白了《轻而易举的富足》课程的教导。

对过去的内疚和对未来的恐惧都是假我一直给我们的幻象。作为宇宙的孩子，我们唯一的实相就是当下，当下没有内疚和恐惧。所以当我们活在当下——活在我们的源头——我们的生命就会充满和平与喜悦。

37
导读文章
过去、现在和未来

对于每一个人来说，非常重要的是要认识到我们只有一个过去、一个现在和数以万计的未来。我们的未来可以而且将会在每一个当下的选择、思想和行为中改变。

当我们执着于过去强大的信念系统时，我们的思维和选择非常有限。在这种情况下，我们的过去决定了未来，我们误以为在当下没有改变未来的选择。一些人把它叫做业力，如果我们记不起自己在当下永远都可以选择，那么这个说法是对的。

我非常觉察宇宙给予的这个礼物——在当下可以选择。当分离的思想出现时——通常是基于恐惧——我停下来问自己："我真的愿意创造这种未来吗？还是愿意放下这种观念，把爱与合一带进来，让自己的未来充满喜悦与和平呢？”我向你保证，我那个永远只对过去内疚与对未来恐惧的假我，将会大喊大叫要我去注意别人的过错、或者他们怎样亏待我、我怎样是个受害者，等等。但是我比它知道得清楚。

我记起我是生命的创造者。如果我不喜欢现在走的路，可以选择不同的路，简单地承认所发生的，释放它，然后为自己再选择一条新的道路。

当我用“承认”和“释放”这些词时，你们要非常留意。我的意思是放下你的思想、分析、思考或者谈论精彩绝伦的故事。如果有人问你这个，你只需要简单地回答：“那是，那个时刻我希望体验的。现在我完全体验到了，所以就没有必要再提了。”。

活在当下，知道你可以选择任何你要的未来。问题永远是：“你要去哪里，什么是你想要的？和平还是混乱，爱还是恐惧？”你来选择。

38

导读文章

要记起我们是谁

我们来到地球的目的是要觉察我们和每个人、每件事物都是一体的。在分离的想法出现之前，我们只有一个思想，就是与宇宙、与所有人合一。我们知道自己是整体的一部分，所有人都是这个整体。带着这份觉知，我们互相支持和贡献，在和平与狂喜中分享我们的爱和喜悦。

然而假我产生后，一切发生了变化。随着假我的分离思想，我们开始独自思考，建立了自己的观点，思想变得隐私和秘密。同时随着假我不断比较，我们开始评判和评价，从而制造嫉妒、愤怒和怨恨。

每个想法都是自负的，而且与其他人的思想分离。黑暗的思想开始进来，假我变得更加强壮，黑暗的思想也随之增强。这种与人分离、与宇宙分离的虚幻感觉增加了我们的内疚感。我们越内疚，就变得越恐惧。因此，我们曾经知道自己是全能的存在体，跟其他存在体一起都是整体的一部分，然而现在，假我却让我们相信自己是渺小的、恐惧的，和每个人、所有事物是分离的。

不幸的是，我们不能消灭假我。但是我们可以认清它，拆除我们自己建立的那堵内疚和恐惧的围墙。认清假我、拆除围墙的方法之一就是连接他人的思想。当我们分享隐私和秘密的想法时，它们就会失去真实性和效应。另外一个拆除围墙的方法是，给黑暗的思想带进光，只要在黑暗中点燃光，恐惧就会消失。这些方法都可以帮助我们疗愈与宇宙、与其他人分离的虚幻感觉。疗愈越多地发生，就能越多地觉察到我们与宇宙、与每个人合一。

一些人认为他们喜欢这堵墙、喜欢分离，那是因为他们没有意识到这些是假我的信念系统付诸的行动。真相是，真正的自由、权利、和平与喜悦都来自我们和每个人、所有事物都是一体的认知。在合一中我们才可以创造和实现美好的生命。所有这些，只需要一个小小的意愿——一个记起我们真正是谁的意愿。

39
导读文章
富足的觉察

当我第一次遇见詹姆斯博士时，我们很快就成为了好朋友，畅谈了几个小时。谈话中他告诉我他快要死了。“我只剩下六个月的生命了。”他说。

对于他的断言我觉得很不安，问他是否得了什么不治之症。他解释说，不是因为疾病要死，而是因为财务状况会死于饥饿。当我询问詹姆斯博士是否需要我资助一些钱或者食物时，他大笑说：“不，我现在还可以。我只是非常担心未来。”

几天之后，我们一起驾车在太平洋海岸的高速公路上，他指着一座可以俯瞰加州麓谷纳海滩的美丽山崖，直白地告诉我：“我拥有那块土地。”

我有点疑惑："你的意思是，地是银行的，你每月要还大笔贷款吗？"

"不，"他回答说，"我是现金买的，但现在真正困扰我的是，每个月必须为此交120美元的税费。"

听他说完，我更加不解了。我提出帮助他做一个所有资产的财务报表，好让他感觉安全，不再担心未来6个月中会饿死。他接受了我的帮助。我们立刻回到他的办公室，他交给我所有我需要的资料。

后来在那天，我在所有的产权公司调查了他的资产拥有和亏欠记录，惊讶地发现，他其实很富裕。

次日我告诉他，如果他愿意和我签署一份财产委托书，我可以帮助他在六个月之内出售他的资产，他可以净赚60万美金（已经减去我10%的佣金）。我也可以以低于市值卖掉他的资产，这样的话，可以卖得很快而且他会很安心。

詹姆斯博士非常吃惊，开始时不相信我。我给他出示了所有数据并详细解释。最后，他接受了我说的事实，看上去开心了一些。“所以我也许不会饿死，”他说，“可能我低估了自己的资产。”他告诉我，他对自己的现状安心了一些，既然这样决定暂不出售资产。

但几个星期过后，他忘记了所有我告诉过他的事情，又坚持说他会饿死的。我耐心地提醒他拥有的资产，并重新温习了那些数据。像上次一样，他接受我说的，感觉舒服了一些。

之后的几年内，我大概每三个月会见他一次。故事都是一样的，每次他都会说将在六个月内饿死，然后我提醒他是怎样的富有。我们就这样谈了一两个小时，最后他又变得开心。但是这种开心永远都是短暂的，很快他又会回到旧有的匮乏思想中去。

最后一次见詹姆斯博士，听到他又在说悲惨故事时，我实在忍不住开始大笑。他对我的反应很生气，更加坚持他会死于饥饿这个信念。

我们道别的时候他显得那么地生气，我决定去检查一下他近来的财务状况。我发现在过去的几年中，他失去了所有的财产，并逐渐实现了他最大的恐惧——无意识地实现了他的愿望，一直生活在付账中。

第二天早上，针对整个事情的发展我依然疑惑，决定问问高级智慧，我的朋友詹姆斯博士为什么会变成这样？高级智慧说："如果你账户上有一百万，但是你忘记了，你看，如果你不知道自己拥有，就不相信自己拥有。"

"这跟宇宙给予你的礼物一样。"它继续说，"你永远不曾失去过它们，只是你忘记了你拥有。宇宙给予了你所有的一切，你需要做的就是敞开去接受。像詹姆斯博士一样的人们充满了匮乏的思想，他们从来不会觉得自己足够，而由于他们也是很有力量，也是自己世界的创造者，他们把自己的恐惧呈现出来也是早晚的事情。"

39

导读文章

轻而易举的富足

一天，我在健身房热身，等待我的拍档丹尼，我留意到一个高大的、很有男人味的家伙，留着浓密的胡子，扎着辫子，全身都是纹身。他穿着有口袋的黑色皮裤和吊带背心，看上去不是很开心。我心里想:“这个人从哪里来的？一定是黑帮老大之类的人物。”

然后，我记起我答应过自己。“噢，不！”我想，“我评判了这个人，为了消除我的评判，现在我要去和他谈话。”

我不想去，但我知道必须信守承诺。假我出来几次，给我一些借口不要做了，但每次我都听到高级智慧说：“信守你的承诺。”

最后我走向这个长有胡须的纹身男人，伸出手说："早上好，我叫彼尚。"

他笑的时候露出了白色的牙齿，说："早上好！我叫杰夫。很高兴在这里认识你！"简短聊天之后，他问我做什么工作？当我告诉他做房地产生意，主要是做土地买卖的时候，他眼眉一挑说："真是奇迹！我跟拉斯维加斯德伟公司的总裁有生意合作，我们还一起骑哈雷·戴维森摩托车呢。"他补充说："如果你愿意，我可以帮你联系他，或许你可以做一些生意。" 对于这个机会我很高兴，因为德伟公司是国内发展最好、最大的公司。 我们交换了电话号码，我就回去练习了。

很快我的拍档出现了。我们开始练习，做着做着，我说："丹尼，你人缘这么好——应该认识这个城市的每一个人吧。还有什么人是你不认识的呢？"

"不见得。"他笑着说。然后想了一会儿，他说："在这个城市里，有一个人我尝试联系他好几年了，但是一直没有联系上。”

“如果你不能联系他，就没有人可以了。”我笑着说。然后我问：“那个人是谁啊”

“德伟公司的主席。”他回答。

我费了几分钟时间回想刚才和杰夫的谈话，最后我说：“我想我可以帮你联系。”丹尼不太相信地看着我，我们没有再继续这个话题。

第二天，我给德伟公司的主席打电话，秘书说他正等着我的来电，就直接把电话接了过去。他对我很好，让我去电找约翰森先生—— 他们房地产部门的主管。他刚雇用了约翰森，并且跟他说了我的事情。我感谢了他，就去电约翰森先生，约定次日共进午餐。

次日，我带上丹尼去餐厅。约翰森先生准时出现，他们聊得很好。离开时，我告诉约翰森先生以后可以直接联系丹尼，他同意了，我们一起离开。

当时，我对午餐约会没有任何期望，丹尼也没有和我签约他需要付给我的提成。我的几个做房地产生意的朋友告诉我：“你最好和他签约，否则你得不到任何提成。”但是我完全信任宇宙，我知道宇宙无所不在，这也意味着我同样完全信任丹尼。我知道一切的结果都是对我最好的。

对我来说最重要的是，任何时候想起整件事情，都让我感觉非常和平。这就是为什么我知道它会顺利。我祝福它，并放下对结果的任何期待。

几个月之后，丹尼给我一张大额支票。他解释说他成功地给一个客户与德伟公司完成一笔很大的土地交易，并选择把这宗生意的一半提成给我。“你收的这张支票只是一半的钱，”他说，“剩下的会在将来的三年内给你。”

我非常高兴和感谢，知道当我放下控制，信任宇宙和我的兄弟姐妹时，所有的一切都会轻松地到来。

40

导读文章

假我的迷宫

假我处事的方式就像陷入迷宫一样。每当我们有问题请假我帮忙的时候，它的解决方法就是陷入更深的迷宫里。如果我们继续听从假我，我们会陷入得那么地深，感觉仿佛迷宫里没有出路——隧道的尽头没有光明。

当我们深陷于这个迷宫，听从宇宙的声音就很费劲。我们会迷惑，再次听从假我而非宇宙的声音，而因此，假我把我们带进迷宫的更深处。最终，我们陷入得那么地深，唯一的出路只能是停止听从假我——并完全地信任宇宙。如果我们问宇宙，它会引领我们找到出路。

有时候，我们那么地深陷在迷宫里，宇宙给予我们的指引似乎是带我们远离出口——似乎是远离而非接近自由。在这种情况下，我们信任宇宙，知道它的指引是脱离迷宫的唯一出路。放下假我然后全然地信任宇宙是唯一的出路。只要我们跟随内在的声音，那个来自于我们的心、我们的和平、我们的爱的声音，我们就是在跟随着宇宙的声音。

41

导读文章

给予你自己，因为你是值得的

我们大方地给予他人是很重要的。任何时候我们自发地给予他人礼物、金钱而没有评判，就是在证实我们内在的实相是富足的。我们越多地给予和付出，富足就会越多地呈现。

大方地给予自己也很重要。这样做的时候，我们说：“我是值得的，我值得富足。”当我们不给予自己时，就会陷入自我牺牲。本质上，我们是在告诉自己和宇宙：“我不值得，我不值得富足。”

在有意识觉察自己富足和丰盛之前，我是非常自我牺牲的。我来自伊朗，所有的自我牺牲教导我都知道。尽管我成了百万富翁，对我的家庭很大方，依然觉得花钱在自己身上不太舒服。但是后来，在一次我和姐夫的经历之后，富足意识之门开始为我敞开。

有一次，我和姐夫谈论我们要各自买一只渔船。尽管他银行账户上的钱不多，但他仍然决定给自己买一只全新的美丽的价值17500美金的渔船。很快他就驾驶渔船在湖上享受起来。

我最终也买了一只渔船，但我只允许自己花450美金。这只船功能不好，经常坏。即使在花了几千美金维修之后，还是经常发生故障导致我无助地在湖中搁浅。

这个经历让我明白，富足和你有多少钱无关，和你对自己的感觉有关。如果你知道自己是值得的，并愿意花钱在自己身上，那么富足和丰盛永远属于你。我知道姐夫的银行账户里钱不多，但我发现他很富足。

记住在每一份经历和每一件事情中都有一个功课是很重要的。如果我们进入内在问自己："这次我的功课是什么？"我们将会得到答案，并且能通过这份经历变得更丰富与更有智慧。但是，如果我们出发自假我，就会看到自己是受害者，嫉妒、生气和恐惧的情绪将会侵袭我们，让我们错过完美的功课、一次学习的机会。

我很高兴可以走进内在问自己，这次渔船经历的功课是什么。当我这样做时，就把自己从那些可能对姐夫的负面情绪中解救了出来。

现在，每当我想起姐夫和他的船，都会祝福他。通过他，伟大的富足意识之门开始为我敞开。

42

导读文章

爱是什么

爱就是当我们意识到自己全然接受的一种存在状态，就是我们真正是谁。当我们释放幻象时，我们真正是谁就会为我们揭示—— 就是无条件的爱。

假我不明白无条件的爱。假我对任何事情都有条件，因为它建立在比较和评判上。假我没有能力去感受和认知所有，爱是假我完全触及不到的。当我们放下假我的比较和评判，我们就可以达到全然的接纳与宽恕。然后爱的感觉进入，假我会消失，我们发现自己再次融入爱当中，而爱也融入在我们当中。

真相是只有爱存在，假我是幻象。爱出现时，假我会消失。光出现时，黑暗就不在。爱是什么？爱就是你，当你记得自己真正是谁的时候。

43
导读文章
退出混乱

在一次冥想时，我问高级智慧：“当我处在很深的混乱中时，为什么感受不到——或者听到——你的存在呢？是不是你不喜欢混乱，所以每当我身在其中时，你就离开我呢？”

当我还想多说一些的时候，它打断我。“我必须永远尊重你的选择。”它说，“当你在混乱中时，你已经选择了不再和平。我不能代替你为自己作的决定。混乱就像一张厚毯子，裹住了你自己，所以你不能听到我和其他高级智慧的指引。我们不可以强迫你做出任何违反你意愿或者愿望的事情。”

“那么，我怎样才可以走出混乱，听到你的声音和收到你的指引呢？”我问高级智慧。

“很简单，步出你的混乱。”它回答，“在精神上和肉体上，只需要退后一步离开。”

“比如，”它说，“如果你坐在一张椅子上很混乱，就站起来，向后退一两步。想象看到你的混乱仍旧坐在椅子上。如果你是躺着的，那么就起身，往后退，想象看到你的混乱仍旧躺在那里。如果你是站着的，正和别人谈话或者在做着一些事情，只是退后，离开你站的地方，想象看到混乱仍旧站在那里，意识到你已经不在那个混乱的地方了。”

我的高级智慧总结说：“一旦你远离了混乱，就能感受到和平的环绕。选择脱离混乱，我才可以进入你的头脑，给你需要的答案和你寻找的光。”

自从高级智慧告诉我之后，我经常这样练习，一直很有用。我知道我可以选择混乱或者和平——选择在假我中还是无条件的爱之中。

和我一样，你也可以练习这个好方法，停止假我的把戏。只要你警醒于光，退出混乱，你就会永远被和平包围。

43

导读文章

全然记起

一天早上，我在一次前所未有的、很深的宁静的冥想中，被我的高级智慧问道：“你最大的愿望是什么？”

我毫不犹豫地回答：“我最大的愿望是记起所有，尤其是我与宇宙在一起的源头。”

“在这之前，”我的高级智慧说，“你必须忘记和放下这个地球上的所有。”

我明白这个功课。忘记过去和未来，我看到自己在当下，没有任何牵挂。突然我发现自己处在一个很深的平静和宁静的地方，充满了极致的和平与喜悦。在这个地方，我什么都不知道，但同时觉察到一切！我不在任何具体的地方，但我又无处不在！这是一种全知全能的感觉，我以前从未体验过。

我的高级智慧指着一个方向让我看。我看到有一些东西在移动。第一眼看上去像一个光球，但当我仔细看时，我认出那个光球是我自己！我没有以现在身体的方式出现，但我知道那是彼尚。我在这里，也同样在那里！

我爱在这光球中移动与动态的感觉，并决定更深地体验——于是我把自己分开为好几块。我真的很爱这样，因为我在那么多的方式与层面中体验着各种动态与行动。于是我继续分解、再细分，直到到处都是！突然我听到高级智慧说："彼尚，时间到了，该回家了。"

我不明白。"家在哪里？"我问。

"家在和平中，你把它叫做合一。"我的高级智慧回答。我不是很明白他的意思。看到这些，我的高级智慧说："当你是一切的时候，你很难体会到自己的各方面，所以，为了得到你想要的体验，你必须成为跟一切分离的个体。”我开始明白他说的，但我需要更清晰一些。

“让我简单地告诉你。”它继续说：“就像一条非洲鲷鱼，很多时候会把新生小鱼含在嘴里，保护它们的安全。当小鱼在外面受到惊吓时，会立刻回到它们父母的嘴里寻求保护。”

“彼尚，”它说：“你就像这些小鱼，出来玩耍了很长时间，很累、筋疲力尽，希望回到你的源头，但是你如此迷惘忘记了回家的路。幸运的是，无论你是否觉察到它，你深层的愿望和你源头的愿望是一致的——合一的喜悦。但是，如果你没有觉察到它，就会挣扎并阻抗引领你回到和平的那份爱。

当我结束冥想时，意识到宇宙中的一切存在都是为了唤醒我是谁，唤醒我回到我的源头。

44
导读文章
每个人都可以

我每天在健身房和拍档一起练习。一天早上，他还没有出现，我自己先开始作一些常规训练。过了一会儿，我发现自己很想找一个人聊天。刚想完，就听到我的高级智慧说："每个人都可以。"

"不，不是每个人，"我回答，"应该是我感觉舒服的人——一个对我没有评判的人。"

"每个人都可以。"我的高级智慧说，"为什么不去和那个离你最近的人谈谈呢?"我看了看四周，只有一个几乎没有头发的老男人离我最近。我对他没有好感，所以又往再远处看了看，还是没有人。"或者我应该走远一点找一找。"我想。

我的高级智慧重复："这个靠近你的人就可以。"

此时，我宁愿去更远的区域找，也不想与这个几乎没有头发的男人交谈。我的高级智慧听到我的想法然后说："不要走了，就和这个最近的吧，他可以。"

不知道我为什么如此顽固——我的高级智慧以前从来没有出过错。我再看看那个男人，觉得他看上去不是很开心和友善。我还是笑着走了过去，说："早上好。"

他停下练习看看我，对我微笑，回答："早上好。"然后他站在那里。

当时我想一定是把他吓坏了，他肯定会离开。相反，他却走了过来，告诉我他是多么喜欢这个健身房，很喜欢在这里健身。这个男人非常热情，态度也很好。

很快，我们一边锻炼一边温暖、友善地聊天。我发现他有口音，问他是哪里人。他告诉我是伊朗人，我意识到我们有更多的共同点。我感觉和他在一起很舒服，十分享受我们的谈话。

从这次健身房的经历中，我收到了三个奇迹，增加了我觉察的能力。第一个，我的判断是如此错误，如果听从假我，我会错过这个第一次见面就可以成为好朋友的优秀男人。

第二个，我学习到更深的层次，我们都是灵性的存在。当我们有机会时，都希望分享我们的爱。

第三个，但不是最后一个，通过我的高级智慧，我记起宇宙是怎样为我服务的。我可以永远信任它们，因为它们总是为我的最佳利益贡献。

45

导读文章

我不是我的车

几年前，我参加一个朋友家里的派对。当我和一些熟人聊天时，留意到舞池里有一位我曾经在健身房里遇见过的女士。当她看见我时，她停下舞步，向我招手，走了过来。

我们有说有笑，跳了一会儿舞，然后她问我是否愿意和她一起去参加对面城镇的另外一个舞会。我同意了，然后我们一起离开，她坚持要驾驶她的车，因为不放心把车留下。这个对我来说不是问题，我可以回头再取我的车。

走近她的车时，我发现这是一辆老式古典的雪佛兰，看上去干净但很旧。我们走了过去，女士从手提包里拿出一条手帕擦拭尾灯。“噢，不，看来这部分没有被擦干净。”她说。

“很明显，这个女士喜欢让她的车干净。”我心里想。当我走近车，她靠近我说：“彼尚，我来介绍一下周蒂。”然后，她轻轻转向雪佛兰说：“周蒂，这是彼尚。”

我惊讶地看着她说：“周蒂？谁是周蒂？”

“周蒂是我的车，她是我的宝贝。”女士回答：“我和她在一起很久了，我们很亲密。”

我开始觉得有一点儿不舒服，女士打开车门说：“请对我温柔一些啊。”

“噢，”我一边上车一边想：“这段关系进展得有点太快了吧！”

我坐了下来，从里面打开她的门，然后关上自己的门。“啊呀！”她说。

我想大概门开得太快，无意中碰到她了。“抱歉，”我说，“我伤到你了吗?”

“不，不是我。”她回答，“我的门，你关的时候太用力了，它会受伤的。”

我看着她，又看看门，心里想：“真是越来越奇怪。”

我们坐上车几分钟之后，她开始启动车子，然后告诉我：“我的引擎在开车之前需要预热一下。”然后我们开始等，那个晚上有点热，我开始出汗了。

当我们启动车子后，我问她是否可以开空调。“可以，”她说，“但是，我不知道我是否有足够的动力。”

“我不是说你，我在说空调。”我说。

“是的，是的——那就是我的意思！”她说，“我不知道我的引擎是否有足够的动力开空调。”

我告诉她，也许我们可以开我的车。“不，不——这样可以——我们可以开空调。”她说。但是当车内有了一些冷气，她又把空调关了，说：“对我的引擎和我来说真不好，我不知道是否可以再用空调。”

现在，我完全迷惑了。“怎么了？”我问她。我不知道她是在说她自己还是她的车。

“我不明白为什么人们这么不理解我宠爱我的车子。”女士抱怨，“如果开了空调，引擎动力不足，我会非常非常不舒服。”

车内又开始热了，我问她是否可以回去，我开自己的车。

她同意我开自己的车，但同时她也要开自己的车去，因为不放心留下它。

女士调头把车开回去，开得很慢，去找我的车子。当我问她为什么开得像爬行一样慢时，她回答：“我发现我的引擎变得有点儿热，所以我要慢慢开，让它冷却下来。”

我明白她的概念了，但是那时我只想赶快远离她，所以当我们回到原处后，我说还是想留在这个派对。对于我的决定她没有异议，然后开车走了。看着她离去，我意识到我想回家作冥想，看看我这个不寻常的经历到底是怎么回事。

很快回到家，我坐下来冥想。高级智慧立刻出现——它在大笑，但我觉得不好玩。“为什么这个女士对她的车子就像对她自己一样呢？”我问。高级智慧解释这是一个夸张的功课，让我看到所有人如何把自己看待为自己的载体。“但我不把自己看做车，”我坚持，“我对自己的车不感兴趣。”

“不是你的车。”它说，“是你的身体。你的身体是你的载体，但是你忘记了它只是一个载体。”

“我的身体只是一个载体。”我心里想。

“是的，彼尚，你的身体只是一个载体。”它重复，“它的存在只是作为你和其他宇宙沟通的工具。你经常忘记这个，相信你就是你的身体。你花了很多时间去喂养它、纵容它、担心它，竭尽全力让它好看一些——所以今晚的经历是要提醒你，你不是你的身体。你的思想永远都不是物质，但是它可以通过你的身体去展示它自己。如果你的思想被身体堵住，你相信自己就是身体，那么你的思想就会有毛病。

“女士的问题是，她以为她就是那辆车子，同时拥有车子所有的问题，正如你对你身体做的一样。这些问题都是被分裂的思想制造出来的。但是如果你意识到整体、合一，你是伟大的存在——你的身体只是与合一沟通的渠道——那么你的身体将拥有无暇的健康。”

我的高级智慧总结：“你不需要高估身体的价值，它被创造出来只是为了一个目的：一个让你的思想与你兄弟姐妹的思想连接，从而达到疗愈和宽恕功能的载体。当你这样看时，你的身体会自然地发挥它的功能去为你服务，让你完全健康，有很高的能量和喜悦。”

现在回首这次经历，真是很有趣。但当时我感觉很奇怪，对于那个女士的行为我非常疑惑。每当我想起她，都会祝福她，祈祷她可以看到自己不是车子，而是与宇宙合一的。

45
导读文章
做梦

我们做的梦，我们选择的游戏，都给予我们不同的体验——高与低，好与坏—— 但都只是梦。即使是那部分让我们脱离痛苦的梦境，也依然是在做梦。

我们以为梦的成分中有好与坏，而我们必须受苦才能获得救赎。我们在生命中创造出悲惨和挣扎，好让自己通过金钱、权力、不同的关系，甚至健康等等获得救赎。

我请高级智慧解释，它说:“亲爱的孩子，我希望你能记起当初来这个世界之前你是多么兴奋——为了这个梦——你有机会在这里玩耍。但看一下现在的你，玩得太认真了，你以为自己真的在这里，以为所有的发生都是真的。”

它继续说："你认为在梦中，你所选择的所有兴奋的事情都是可怕的噩梦，意味着会伤害你。但是它们会在弹指间消失，消失在你知道你是谁的那一刻。当你知道自己是谁，你就会明白这没有什么，只是一个为你而设的游戏——一个让你不觉得无聊的游戏。"

"你可以毫无理由地选择快乐。"我的高级智慧说，"任何让你快乐的理由，当你失去这个理由的时候，都可以让你不快乐。选择快乐因为你是宇宙挚爱的孩子——因为你就是创造者。你拥有一切因为你就是一切。你全然的快乐必须永远来自于认知你自己真正是谁——而不是来自你有什么、做什么，或者你梦到了什么。"

46
导读文章
实现你的想法

在我们学习《轻而易举的富足》课程的每一个三十天里，会经历几个阶段。

在开始的几个月里，我们认知到，一切事物的呈现，都是由于我们曾经在过去某个时候有过这些想法。

在我们继续学习课程的几个月中，我们意识到当下的念头和愿望也同样可以非常快速地实现。

最后，我们可以做到立即实现我们的想法。现在要面对一个问题：我们真的愿意快速实现想法吗？还是宁愿推迟一下，好让我们思考一下这些想法，或许想要取消它们？

我记得第一次体验快速实现想法的情形——几乎是立即的。我驾车和我十二岁的儿子迈克去卡尔斯顿山。在路上，我留意到有几只麻雀向我的车飞来，但没有碰到车子。看着这些麻雀，我对自己说："看到一只麻雀撞到我的车子，是可以接受的。"立刻，一只麻雀就撞到了车的挡风玻璃上！看着它撞到玻璃，我突然感觉非常不舒服和困惑，我没有意识到我的想法是如此快速地实现。

最后我们到达了卡尔斯顿山，在草地上铺了张毯子，摆好了装着迈克和我喜欢喝的饮料的冷藏箱之后，我们在毯子上休息，我让迈克拿一瓶我喜欢的饮料。他从冷藏箱里拿出了我的饮料并打开，但是没有给我，自己喝了起来。我不是很开心，即使我知道我还有很多饮料。

再次，我要迈克给我拿饮料，还特意说不要喝我的饮料。和上次一样，迈克去拿了，打开之后自己喝了。

此刻，一个强烈的、黑暗的、愤怒的念头出现在我脑海里。这个念头很强大以至于我悄悄地说了出来，不过迈克没有听到。

刚说完，我儿子就窒息了。他不能呼吸，脸色开始变绿。我很惊慌，马上说：“取消那个念头。”

立刻，迈克又开始呼吸了。

当知道儿子安然无恙时，我离开毯子走到森林里冥想。当我的高级智慧出现时，我告诉它我不再希望自己的念头这么快速地实现。我解释说，希望首先有时间去消化自己的想法，然后选择是继续还是要取消它们。

我意识到我还没有足够熟练地去掌控让我的想法都是美好和积极的。当我陷入片刻的生气或恐惧时，假我仍然可以带着黑暗的思想侵入。

去卡尔斯顿山的那天之后，我的想法仍然可以实现，但是已经不是瞬间实现了。取而代之的是，我可以先看到它们，以确保它们是光明而且是对我自己和他人有益的。

47

导读文章

在健身房锻炼

我每天都会在健身房和一两个搭档一起练习。其中一个叫大卫，是一个很强壮、满身肌肉的人。他非常重视身体锻炼，看上去很有男人气概。

一天早上，我们一起练习，大卫中间去休息喝水。我等他回来。环顾健身房，注意到一位非常灵性的绅士，他参加过我的“轻而易举的富足”研讨会。他也看到了我，很高兴地向我张开双臂走了过来，我也走了过去，给了他一个很大的拥抱。我感受到和这位绅士是合一的。

当我们拥抱后，我留意到大卫回来了。很自然地，我带着灿烂的笑容，张开双臂欢迎他。他给了我一个有力的拥抱，但同时看了看健身房四周，有点尴尬。

那天健身房里很多人，而且我们正在所有踏步机面对着的那台器械锻炼。

当我和大卫分开时，他对着那些看着我们的人说：“一个灵性的人，非常灵性的男人。”一边大声说，一边拍着我的背。

然后，他举起右手示意我给他一个击掌。为了让他觉得好一点儿，我笑着给了他一个很男人的击掌。

我意识到这种情形大卫一定感觉不太舒服，因为他很少拥抱别人——无论是男是女——尤其是在公众场所。但是对我来说，任何时候拥抱任何人都是很正常的。

48

导读文章

谁是真正的你

你是在你生命之中永恒存在的真我。从你出生、经历童年、青年，都一直存在，而你仍然在耐心地等待着被认出来。

你永远不会争着前面的位置，从来包容着假我，满足它的欲望，任由它在你的体验中横行肆虐。你，内在的真我——连接着宇宙创造力的灵魂—— 你保持着和平与包容，经历所有的体验，看待生命为自己选择要去展开的旅程。

假我在你来到这个肉体的时候开始诞生。你的真我，那个永恒的存在体，给予假我力量，允许它生存。你甚至允许假我去评判和评价一切。假我告诉你，你和它是一体的，并把它的怨恨、委屈、愤怒和恐惧附加于你。

想一想：你可曾试过，听从假我并相信它的妄想和欲望时，可以给你带来完全的和平与喜悦？睁大你的眼睛看一下你的假我，会留意到它的言词和建议只带来悲惨和痛苦。假我的话总是关于匮乏—— 我们的关系永远不怎么完美，永远都不值得成功，永远都不够好。

你不需要再听从假我了。“你是真我——是根源——是内在的爱。你，是力量与源头，不是假我。对于世界上任何人来说，来自假我的指导都应该是最后选择。”

有人可能听过这些说法：“我已经知道这些了，可是我怎样让头脑里假我的声音安静下来呢？怎样才不听从它的并且不按它的方向行动呢？”

答案很简单。《轻而易举的富足》课程的准则给了我们方向。它的教导给了我们一条崭新道路，听到另外一个给我们带来全然和平和喜悦的——一个直接来自宇宙的，来自我们的源头，来自我们的创造者的声音。

所有需要做的就是一整天、每一天警醒于每日功课中，共有三十天的练习，并且活出功课的内容。

结果将是明显的。你将会喜悦和高兴地开始听到那些你从出生以来就被假我屏蔽掉了的真我的声音。

49

导读文章

宇宙的一个孩子

在和我的高级智慧对话中，我经常会听到它们说："宇宙只有一个孩子，你就是。"我一直不是很理解这个概念。因此，在一天清晨深层冥想中，我问："这个世界上有数十亿人，怎么可能宇宙只有一个孩子呢？"

其中一位高级智慧给出了很精彩的解释。它拿出一个装满雪花的玻璃球说："这个球外面没有时间，没有限制。一切都是已知的，然而没有什么被体验过。但是里面呢，有一个星球叫地球。在地球上，有时间的存在，所有都受着时间的约束。"

它继续说："宇宙只有一个孩子。这个孩子在玻璃球里的星球上显化自己，并活了很长的时间。譬如说这个孩子叫做亚当，当这个孩子觉得没有任何要以亚当的身份去体验的必要时，他就会放弃身体，离开这个星球，回到玻璃球之外。”

“一段时间之后， 亚当决定回地球让自己扮演一个女人，这样就可以体验并且让自己有个伴儿。所以他重新回到玻璃球里面，同时显化为夏娃与亚当，一起活了很长的人生。”

“后来，他又离开玻璃球里的星球，再次回到宇宙那里。但是一段时间之后，他想要体验做一个以肉体形式存在的孩子。他又再次进入到玻璃球里面，成为亚当和夏娃生的一个孩子，经历从童年开始的生活。”

“每一次他离开玻璃球里的星球回到宇宙那里，他可以决定回来担任一个新角色。每一次他回到玻璃球里的星球，都会忘记其他所有的角色，这样就可以自由地体验新角色。这样来来去去——一次又一次地体验。孩子依然是那个孩子，但是他把自己显化为无数的角色。当和宇宙在一起时，他知道一切——他就是一切——但是他不能体验任何事物，除非他显化在这个星球上，活出体验。因为他渴望获得一切的体验，于是他不停地重生。现在他不止有了知识，而且有了体验。”

“最终，”高级智慧说，“你将会知道这里所有的人就是你，每个人只是在扮演一个你希望体验的角色。你看一下四周，你将会看到到处都是你，不带评判地接纳所有人吧，明白到大家都在本应该在的地方， 都是让你获得自己想要的体验。”

“正如你，我们带着光，同时也带有黑暗，但是我们既不是好也不是坏，不是对也不是错。我们只是你，在不同的时间，以不同的人物体验不同事物而已。”

“当你知道这个，”我的高级智慧总结道，“你就会撤后，只是简单地允许自己如实存在，那么你就可以体验所有你渴望体验的一切了。”

50

导读文章

童年的恐惧

自十九岁移居美国之后，我留意到自己的生活方式有几个转变。其中之一是我每天要洗澡三四次这件事，我从来没有想过这有什么不对，只是觉得我希望干净。

当我回到伊朗老家的几年中，我的妈妈和其他家庭成员都觉得我一天要洗这么多次澡很古怪。每次有人问我为什么要洗这么多次澡的时候，我都只是简单回答："喜欢干净。"实际上，我的假我以我比别人干净为豪。

之后我回到了美国的家，发现一些朋友也开始评论我爱干净——我开始怀疑自己是否有问题。为什么我这么害怕不干净呢？

几年之前，我参加过一个集中于跟自己"真我"接触、很有力量的课程。我决心利用那个流程向内探索自己恐惧行为的原因。一旦认证出这些问题，并且找出问题的源头，我就有可能解决问题了。

在深度冥想中，我回到在伊朗的童年。追溯到我五岁那年的某一天，我和其他孩子一起在淤泥里玩儿。那个晚上，我一个很有钱、德高望重的舅舅带着他的家人来跟我们共进晚餐。

当他们到了我家后，舅舅来到我们玩耍的地方，狠狠地瞪着我粘满泥的脚后跟。突然，恐惧和害怕充满了我，鸡皮疙瘩都起来了，吓得我哭也哭不出来，害怕地逃到房间里，但他跟着我，打开我躲藏的那个房间的门，又一次瞪着我的脚，并叫我妈妈来。

“你怎么可以允许家里有这么脏的人呢？”他质问。

我妈妈笑着回答：“他只是个孩子——他喜欢玩泥

巴，不要担心，我会把他弄干净的。”

舅舅给了我一个严厉的眼神后离开了房间。“彼尚，让我们洗一下你的脚。”我妈妈温柔地笑着说。

对于妈妈，我觉得很舒服。但这次的经历让我在潜意识里留下了很深的烙印。不幸的是，那时伊朗只有公共澡堂，于是我潜意识里要“极其干净”的欲望没有被实现，直到去了美国，我可以随心所欲地洗澡了。

当我从冥想中出来时，我意识到这个问题的源头，决定给现住东京的舅舅写一封信。具体意思是说，我想起他和这件事对我的影响，我也确认会原谅他。是假我让这个恐惧一直存活，我的恐惧其实跟舅舅没有关系。我寄出信时，没有担心他会有什么样的回应。只是为我自己而做的，去完成疗愈的过程。

寄出信的当天，我感到一种极其美好的和平感。从此之后，每当旧的恐惧回来，我可以立即认出这只是我的假我，它只活在受惊恐的孩子里。然后，我就可以释放恐惧，拒绝参与假我的故事了。

从那以后，我对我的身体、个人清洁和我自己等都觉得非常和平了。

50

导读文章

假我与蛇

蛇是爬行动物，它只是做它该做的。它不会为了快乐或者运动目的去残杀，只有出于觅食或者在恐惧时才残杀。

我们的信念系统这样来定义蛇——卑鄙、残酷、虚伪、两面和不诚实——实在是不公平。但是那样的信念系统却完美地描绘了假我的样子。

假我就是卑鄙、残酷、虚伪、两面和不诚实的。它从来不敢面对我们，因为它知道我们不会忍受它的袭击。我们可以放弃它。所以，取而代之的是，假我经常等待机会，在我们不经意的时候鬼鬼祟祟地出现。然后，假我将黑暗带给我们，利用我们作为它的同伙，让我们进入那种只有黑暗的混乱中。

当我们警醒于光与和平时，假我对我们头脑的侵犯变得很明显，因为假我的目的与我们的状态相矛盾。我们越觉醒于光，越容易认出假我对我们的偷袭。

51
导读文章
在喜悦和欢笑中学习

我在很多不同的国家生活过，体验过一些不同的宗教，发现有一个共同点：它们都非常严肃，无论我跟随哪一个教派，总是感觉自己很卑微和渺小。每一个教派都仿佛认证及强化我对于这方面的感觉。

因此，在最初和我的高级智慧沟通时，我很木讷。以为和它们一起也应该很严肃，但是这个情形没有维系很长时间，因为它们总是在大笑和喜悦中。

之后，当我的高级智慧首次给我“轻而易举的富足”的灵感时，我被告知：这是一个建立在喜悦、欢笑和分享奇迹上的学习工具。我之前的经验让我疑惑了：“我们真的可以在喜悦和欢笑中学习吗？”于是我决定去问其中一位高级智慧。

“你只能在喜悦和欢笑中学习，在玩耍中学习。”它回答，“太过严肃是恐惧的反映——那是你潜意识里的认为自己有罪和内疚的信念——你的思想活在过去，而不是当下。”

“去扩展你的意识和让他成长，你必须活在当下的喜悦中。”它补充，“真正的大师们永远活在当下，他们知道这个世界是一个游戏，而我们来这里全部的意义就是来玩耍和享受的。”

“我总是在笑——我的脸上总是带着笑容。”它说，“每一个在我身边的人都感受到我的快乐。即使有一些人尝试给我投射他们的内疚、罪过和愤怒，没有什么可以改变我头脑思想的状态。”

“彼尚，”它继续说，“当你知道你是谁和你是如此杰出时，你将会意识到你是多么被爱和被照顾。所有你要做的只有欢笑和分享你的奇迹。唾手可得的和平状态是你一直拥有的天性。通过“轻而易举的富足”的学习，你将会和你的兄弟姐妹分享这些知识。只是记住要好玩！”

52
导读文章
无条件的爱

在1982-1985年间，我住在澳大利亚，在那里，我拥有和经营自己的一个健身房。其间，妈妈和我一起住。有一天晚上很特别，我下班回家后看到妈妈正在为什么事情担心。我拥抱和亲吻她并问发生了什么事，她看着我，然后说："我奇怪你还没有留意到。"

"留意什么？"我问。

"留意到我胖了很多，我需要减肥。"妈妈说，"我想你有了健身房后会带我去那儿并培训我。"

这真是让我愣住了。我以前从来没有留意到妈妈的身体；实际上，我甚至没有意识到她有一个身体。现在我看着她，喘了一口气说："噢，不！你真的有一个身体——一个又矮又胖的身体！我以前从来没有注意到呢！”我们对此大笑了一番后，我答应带她去健身房。

几分钟内，我意识到她的身体又一次消失了。再次，我可以全部看到和感受到的，只是我对她伟大的无条件的爱，还有她对我无条件的爱。

直到最近我十二岁的儿子迈克来看望我时，我差点忘记了这件事情。他和我住在一起，他妈妈凯西打来电话询问我是否留意到迈克长高了，两条腿很长。她的话音刚落，迈克就穿着短裤从他的房间出来了。我真的注意到他的双腿有多长——但是让我惊讶的是他有两条腿！

“不会吧，迈克，你真的有两条腿！——而且是这么的长！”我说。他看着我，以为我疯了。事实上，我以前从来没有留意迈克的身体。和我妈妈一样，我全部留意到的只是无条件的爱，这些在我生命中美好的光。

当我注意一个人身体的时候，通常是带有评判的。

当有评判时，他就不能带来无条件的爱与和平。当我对某人有无条件的爱时，我就不会注意到他的身体。我看到的只是宇宙完美的孩子绽放的光。

所以现在，无论有谁评论迈克又长高了，为了判断他是否真的长高了，我需要避开爱去看他。否则，他永远只是给我的生命带来快乐与无条件爱的闪亮的光。

53

导读文章

感受与情绪

区分我们的感受和情绪，对我们来说是非常重要的。

感受来自我们的内在。它引领我们进入当下，在当下我们可以接收到作决定时所需要的指引。我们的真我——那无条件的爱，也就是真正的我——是活在感受当中的。感受从来不会摇摆和变化。我们永远可以通过我们的感受知道什么对我们是好的，什么不是。如果是对我们好的，我们感觉和平，并且允许好的事物到来。可以永远信任我们的感受。

另一方面，情绪来自我们的假我，并且总是关心过去和将来。情绪和我们的现实没有任何关系。它总是不停地根据外在的变幻而变化着，我们这时可以是和平的，突然接下来因别人的一句错话就进入混乱中。不要信任我们的情绪，当我们根据情绪作反应时，产生的结果永远是混乱。

正确的行动来自我们的感受。正是我们的感受在任何一种状况下告诉我们怎么做是最好的。当区分我们的感受和我们的情绪，并且选择跟随我们的感受时，结果永远是和平的。

54

导读文章

你是所有的一切

在拉斯维加斯的一个研讨会结束后，一个叫杰克的好朋友过来问我是否可以咨询我一个问题。他说在冥想中，经常请求高级智慧赐给他所需要的东西，但是至今没有任何收获。他问我可否请示一下我的高级智慧。

当我问高级智慧，为什么杰克显化事物有问题时，它指出宇宙就像瓶子里的精灵，没有任何观点并且时刻准备着满足愿望，但是它不能决定如何让你的愿望实现，它只是给出你所要求的。

我的高级智慧继续道，当杰克说“我需要那个”的时候，宇宙就已经给予他了，那就是“有需求”的体验。但是当宇宙按照杰克的需求，给他需要的体验时，杰克还在需求，宇宙就以为杰克还没有获得“有需求” 的感受，于是宇宙就给予杰克更多“有需求”的体验。

为了清理我在这方面可能有的困惑，我的高级智慧解释说：“你生来就拥有一切，你被创造出来时就是一切并拥有一切。不仅是拥有一切，而且非常重要的是，你就是所有的一切。同时所有的体验，所有发生在你身上的事件，不是附加给你的，他们只是体验，是为了帮助你打开视野看到：你就是所有的一切并拥有一切。”

“因此你的每一个想法可以前进也可以后退。”我的高级智慧说，“你通过更多地评判、更多地比较进而更多地掩盖你是一切并拥有一切的这个认知而后退。你也可以通过去除你眼前的面纱，清理你的观感并且意识到你是一切并拥有一切而前进。”

我的高级智慧总结，为了让我们发现自己是如此有力量，首先我们要接触到这样一个事实，就是我们是所有的一切，并且拥有一切。“宇宙没有隐藏任何东西，”它说，“宇宙给了我们一切，并且创造我们是一切。当接触到这个真理时，我们意识到需要做的就是去除面纱，简单地享受生命，每时每刻活在全然的和平之中。

和我的高级智慧交谈后，我了解我没有任何想要或是需要的东西了，一切已经为我准备好了。

55
导读文章
放下过去

我的哥哥约翰一天给我打电话，对我给他寄去《轻而易举的富足》的书本表示感谢。他说很认真地学习了，并且生活发生了改变。然后在谈话结束时，告诉我，想从我这里得到一些建议。

他说正在为他的公司一个重要的职位面试招聘，并发现了一个非常合适的人选。只是有一个问题——他联系不上这个人以前的雇主，不能确认他的工作经验是否属实。

我的哥哥解释，上次他雇用过一个人，也是一样的情况。结果这个人利用他，偷走了公司很多钱和业务后离开了公司。所以，现在约翰很矛盾，既有意愿去聘用这位极为适合的人才，又因为以前的坏经验而犹豫。我说我会跟我的高级智慧沟通，有信息就尽快给他回电话。

次日的早晨我冥想时，问高级智慧有关约翰的困境。我的高级智慧很耐心地听完，之后说：“你哥哥的困境是由于他没有在当下。”它说：“约翰对这个人的评判来自过去的经验，这样对每个人都不好，他所有的恐惧都来自过去；如果他在当下，他会接受这个出色的员工加入他的公司。”

这就是我需要知道的全部，结束冥想我立即打电话告诉约翰，并再次问他，如果雇用这个人的话，为什么会感觉不舒服？他简单地回答：“因为我过去的经验。”

“那么，如果没有以前的经验呢？”我问，“在你内心深处，你对这个人的感觉是什么？”

“你知道，彼尚，”他说，“我对他感觉非常和平，我信任他，真的想聘用他。他正是我要找的人。只是我过去的经验让我感到恐惧。”

当我想再说些什么时，他大笑了起来：“我明白了，我明白了。”他说，“你经常告诉我所有的恐惧和内疚都来自过去——过去的内疚又决定了对未来的恐惧。我猜我害怕将来他可能伤害我，但实际上他不会的。”

“这全部都取决于你。”我说，“刚才你告诉我，在你内心深处对他的感觉是和平的。如果你深入内在，去到无条件的爱之处，并在那里找到和平，那么你就将会获得和平。”

当我们谈话结束时，我明白我这方面的功课要比约翰还多。经常因为过去的一些经历，我会拒绝那些自己觉得舒服、和平的选择。认识到这点，我知道，我不再允许过去决定我的选择。取而代之的是，我会去到无条件爱的位置——我的内在，去寻找答案。

从那以后，我的每一个选择都很完美，我的生活更加快乐了。

55

导读文章

如果我能拥有

一天早上，我一边健身，一边和我的好朋友丹尼说笑，他指着健身房另一侧说，“那个就是我喜欢的那种女孩儿！如果能跟她在一起，我别无所求。”

我看了看他指的方向。一个漂亮的金发女孩向我们走来，我一下子就认出了她。她是佩妮，我一个一起健身的朋友的前女友。我向她招手，她走过来打招呼。这给我一个机会把她介绍给丹尼认识。他们很快打得火热，过了一会儿就一起离开健身房。

之后几个星期我没有见过丹尼。一天，我一个人在健身，看见丹尼和佩妮走了进来。我正准备听听他们这几周的爱情故事。我看到佩妮向我招手后就去跑步机上练习了，丹尼向我走了过来。

经过一番问候和闲谈后，我问："现在你的愿望实现了，你感觉怎样？"

他给我一个微笑，摇头说："我还有一个愿望。"然后，他看了看在跑步机上的佩妮说："如果我可以甩掉她的话！"我大笑，他阻止我说："彼尚，她没有一刻不缠着我，我都喘不过气来了，如果能让我摆脱她，我再也不要别的了。"然后，他安静了一会儿说："卓越先生，你觉得这件事要我学习什么呢？"

我告诉他，每次我要求渴望的东西时，总会说："请只给我那些对我有最佳利益的、带给我快乐的。否则，不要给我，无论我要求多少次。"

"经验告诉我，发现不是我希望的每样东西都对我好，或者带给我和平与喜悦。"我给他解释："这个例子说明，你没有说清楚这个声明，所以你还得到了那些没有带给你和平与喜悦的东西。"

他笑着说：“我向你保证，卓越先生，以后不会再发生了。”

56

导读文章

生命的方向

梦境中，我刚上了一辆去纽约的火车，找到一个窗口的位置坐下来，准备欣赏沿途的美好风光。

我在等待火车离站时，听到旁边的人们在谈论。他们说今年这个时候佛罗里达比纽约好得多。我已经选择了去纽约，现在我的假我说："去佛罗里达！"我越是听人们说佛罗里达，假我就越说我应该去那儿——我就变得越不开心。在混乱中，我在想："为什么这辆火车要去纽约呢？"

火车最终还是离开了站台，越是加速，我的假我越在叫："改变火车的方向！"我甚至想自己去改变火车的方向。然而，无论我的假我制造多么多的混乱，火车还是继续它自己的方向。

我的假我强大到让我没有觉察到，我错过了沿途美丽的郊外风光。整个旅程和每一个停站，我的假我和其他乘客的假我只是在谈论，去纽约是多么恐怖，如果去佛罗里达该多好。

最终，我们到达了纽约。从一开始上火车，直到目的地的每一个停站，我有很多机会换车，去不同的方向。但是我把控制权给了假我。

假我忙于附和其他人说去那里不好，让我错过了原来想要的东西——沿途的美好风景。

57

导读文章

每个人都在最佳位置

一天，我和儿子迈克驾车去加利福尼亚的途中，发现他心情不是很好。我首先想到的是把他从那个状态中拉出来——可以给他讲一些笑话或者他感兴趣的话题。

然后，我记起以前这些尝试都没有奏效过。这种方法好像比我无视他的情绪、随便他，更让他保持在坏情绪中。

因为我无条件地爱他，所以决定尊重他的选择，无论他选择的是什么，将允许他去体验他自己创造的东西。

这让我领悟到：如果我是无条件地爱每一个人的话，我也会尊重每一个人。过去，我经常想，如果我开心，每个人都应该开心。如果我悲伤，每一个人都应该悲伤。但是，如果就像我尊重迈克一样尊重其他人，我也会尊重他们为自己作出的选择。无论他们选择的是开心、生气或者失望，这都取决于他们。对于我来说，他们永远都是宇宙完美的孩子，无论他们处在怎样的位置，都是最完美的。

这个功课的有趣之处是，当我允许我的儿子保持在他的状态中几分钟之后，他突然改变了心情，说："爸爸我们说一些笑话，开心一下吧。我不喜欢不快乐——我们玩吧！"

每当我放下对状况的控制时，结果总是对我最好的。

58

导读文章

用有意识的思想创造

每一刻，我们的思想都在创造我们的世界。

在我们之外所见的有形事物都是我们内在思想的显现。因为没有闲置的思想，所以我们的思想随时都在我们生命中创造着正面或者是负面的体验。

当我开始觉察自己的思想时，我开始注意到我经常创造一些不必要的东西——仅仅是创造。比如说，我留意到无论何时我开车赶时间，前面的车都让开，以至于我的路很通畅，可以开到最大的速度，到达目的地时，我总是提前。

这类事情一次一次地重复发生时，我终于认识到，即使是道路不畅通，我也会准时到达。其实，我没有意识到，我有时候会创造没有必要的东西。

对我来说，很明显地创造不必要的事情是一天去健身房的经历。任何时候，只要是在公共场所停车，我总是创造一个离入口非常近的位置，那么我就可以不用走太远。在一个特别的早上，我开车进入车很多的停车场，我在门的旁边创造了一个停车位，高兴地停好车，走进健身房，直接到了跑步机那儿，一共走了五英里！

当时，我甚至没有意识到我所做的以及其中的意义。之后想起来这件事，忍不住笑自己。

有时候创造一些没有必要的东西，只是在提醒我，我是一个创造者。所以，非常重要的是，为了有意识地创造，而不是无意识地，我变得非常觉察自己的思想。

59
导读文章
正确的选择

在我们面临很多选择的时候，永远只有一个选择是真的——正确的选择。其他的都是假我的选择，而且我们都知道，假我试图通过很多选择来迷惑我们。

当我们作的选择正确时，不会卷入什么教训中，只有和平、爱和喜悦。但是，当我们作出了错误的选择时，宇宙会重新整合自己，去配合我们的选择。

在我们作出错误选择的一刻，到宇宙重新整合到配合之间的时间，就是我们去学习自己的功课的时间。当我们懂得了作出正确的选择时，就没有什么功课要学习了。

因为我们是宇宙的孩子，一个创造者，我们做出正确的选择，是因为我们是宇宙之子，是创造者，是力量的根源。而当我们作出了错误选择时，宇宙的爱会引领我们完成功课，带着我们更加亲近宇宙。

59

导读文章

离开身体之后我们去哪里

关于我们离开身体后的去处，有很多古老的、让人恐惧的信念系统，因为你是非常有力量的，其中任何一个你相信的都会显化成你的现实。但是现实并不总是真相，而且为了知道我们离开身体后的去处，你必须要清理你旧有的信念系统。抓住一个旧有的出于恐惧的信念系统，就像你通过一个有色眼镜来看一切。来自于宇宙的真相不能被任何恐惧和非难染色——它带着全然的无条件的爱、全部的力量和喜悦的纯粹的光。

我们离开身体后到底会去哪儿呢？当你出于某种原因离开身体，你不会感觉自己是离开了。你还在“那儿”，只是你不再包裹着一个身体了。你感到自由并无所限制。

只要你限制于身体，就很难想象那些感受。你只需要一动念，就可以到达任何你想去的地方，而且你可以同时出现在不同的地方。由于你的振频很快很高，还在肉身里的人们都没有人能看见或者听到你——但是你可以看见和听到他们全部。

你发现你一切的挑战、担忧和关注都是关于身体的，而你已经不再关心这些了。你知道每个人都在正确的道路上，学习他自己选择学习的，并且你不用为他们任何一个人做什么或是顾虑什么。

最后，在你离开去到更高的意识层面领域之前，你会留意到有很多高级智慧向我们展示正确的道路，我们都是非常安全的。那就是你抬头并记起你自己是谁的一刹那，并明白到，要回到这个星球、去到其他的次元、还是去到别的宇宙，都是取决于你，全都由你来决定。无论在那一刻你希望体验什么，都是你自己选择。

我的任务就是告诉你，无论如何你都是没有限制的——告诉你带走所有的恐惧。这本书不是关于要限制你和给你装入恐惧、让你依赖我或其他人。这本书是关于提醒你一个真相——就是你是宇宙的孩子和你创造了自己的实相。

享受你在身体里的时间，然后不带任何恐惧地放下，当你离开身体以后，你会享受没有身体的体验。

60
导读文章
合一

很多时候，我们以为合一的状态会通过死亡和离开身体达到。死亡不会导致合一，真相是：没有分离感地活着，就是合一。

让我与每一个人分离的是我的评判、权衡和黑暗的思想。我清楚地知道，我什么时候没有黑暗的思想——就是当我只有与每个人和宇宙合一的想法时，这样就能创造喜悦、和平与爱的状态。

当我们来到这个世界，假我还没有发展出来的时候，我们没有分离的想法。事实上，我们完全没有私人或者个体的想法。对于我们来说，所有的一切只是简单的爱，所以我们能感受到与万事万物合一，就像万事万物都属于我们一样，我们也属于万事万物。这就是为什么，作为孩子，我们喜欢去分享我们拥有的一切，也喜欢别人分享给我们的一切。我们感觉没有分离。

之后假我出现了，我们越来越多地积累黑暗的思想。它们就像是一堵墙把我们跟真实的世界分割开，并让我们有了个人的观点、评判和权衡。一旦我们放下假我并推倒分离的墙，我们看见的就只有真理。我们看见我们就是整个宇宙的一部分，显现出来的只有喜悦、和平和爱。所有其他的部分都支持我们这个部分，因此我们是喜悦的。这里没有嫉妒、怨恨或是愤怒。

如果我设置了分离的墙在我的周围，恐惧就迅速地增长，因为现在我只是墙内的那个小小的存在，对抗的是外面的整个宇宙。这恐惧和墙不会通过放弃和死亡消失，只有当我们放下假我，并释放了委屈、嫉妒、怨恨和黑暗的思想时才能消失。

所以，我越多地欢笑，并把光明照耀到自己黑暗的思想里，墙就越来越快地消失——并且我越来越多地意识到我与每个人和宇宙是合一的。

记起所有的力量和喜悦都来自于合一——来自我们与万事万物是一体的认知。只有通过这种方式才能为我们自己创造和显化精彩的事物。记住这个认知，并且知道宇宙创造我们，是要让我们跟宇宙一样。

这个过程不需要任何努力。只要单纯地有意愿去记起你是谁。在你敞开有这种意愿的一瞬间，一切的作为，都将会完全轻而易举地发生。

60
导读文章
王牌

那天是我未婚妻赛米娅的生日，我希望对她来说是个特别的日子，所以送了鲜花到她办公室，然后她下班的时候，我问她去哪里享用她的生日晚餐，她说最喜欢里欧饭店的布兹欧餐厅。于是，赛米娅、我儿子和我驾车去了里欧饭店。

我们到达布兹欧餐厅后，还需要稍等一段时间才有空桌子。我让赛米娅在这儿等一会儿，我和迈克出去一下。我是希望买到丹尼·甘斯的演出门票给她一个惊喜。众所周知，这些门票一个月之前就卖完了，但我还是想无论如何尝试一下。

迈克和我找到经理，问他是否可以帮我拿到门票。他大笑告诉我，那是不可能的——但是可以尝试去贵宾室看一下。

当我们去到贵宾室，一个年轻的女孩告诉我们，丹尼·甘斯的演出门票早在一个月之前就卖光了，而且今晚城里有骑术演出，那就更不可能了。迈克建议我放弃，回去享用赛米娅的生日晚餐，但是我告诉他，我有一张王牌。迈克问那是什么。我闭上眼睛祈祷了一会儿。

祈祷完毕，我们走向售票厅。我把信用卡递给玻璃窗后面的售票员，说要买三张丹尼·甘斯演出的门票，他问我是否有预约，我回答："没有。"他笑着告诉我所有的票已经卖完了。

然后，当他瞥了一眼电脑荧屏，眼睛睁得很大，惊呆了。"你做了什么？"他问，"怎么可能？这从来没有发生过！"迈克问他发生了什么？他看着电脑荧屏说："四个在第一排正中的位置刚才被取消了。"他立即告诉其他代理，现在已经有三张被卖出了。我笑了，因为我知道发生了什么。

迈克看着我，说："你做的！"

"不，迈克，不是我做的——是我的高级智慧做的。"我回答，"我的高级智慧很给力的。"我们都笑了，带着给赛米娅的惊喜我们返回了餐厅，知晓我们刚才见证了一个很大的奇迹。

Absolutely Effortless Prosperity | 奇迹日志

奇迹就像野鸽一样

你越喂饲它们

它们越常出现

并带同朋友一起来

留意你的奇迹

31

第一天　第三十一课

宇宙通过我来表达

肯定语句

在每一件事情上，只说：“它的发生，是来祝福我的。”

32

第二天　第三十二课

我只听带给我喜悦的

肯定语句

在每一件事情上，只说："它的发生，是来祝福我的。"

33

第三天　第三十三课

我看到自己和他人的光

肯定语句

在每一件事情上，只说：“它的发生，是来祝福我的。”

34

第四天　第三十四课

我敞开自己去认知我所看到的真正意义

肯定语句

在每一件事情上，只说："它的发生，是来祝福我的。"

35

第五天　第三十五课

光永远在这里

肯定语句

在每一件事情上，只说："它的发生，是来祝福我的。"

36

第六天　第三十六课

我就是光

肯定语句

在每一件事情上，只说：“它的发生，是来祝福我的。”

37

第七天　第三十七课

我生命的各方面都是富足的

肯定语句

在每一件事情上，只说：“它的发生，是来祝福我的。”

38

第八天　第三十八课

我是全然和完整的

肯定语句

在每一件事情上，只说：“它的发生，是来祝福我的。”

39

第九天　第三十九课

每个人都值得轻而易举的富足

肯定语句

在每一件事情上，只说：“它的发生，是来祝福我的。”

40

第十天　第四十课

我一直在接受宇宙的所有礼物

肯定语句

在每一件事情上，只说："它的发生，是来祝福我的。"

41

第十一天　第四十一课

我给予等同我接受

肯定语句

在每一件事情上，只说："它的发生，是来祝福我的。"

42

第十二天　第四十二课

爱是我的实相

肯定语句

在每一件事情上，只说：“它的发生，是来祝福我的。”

43

第十三天　第四十三课

我的头脑完全和平

肯定语句

在每一件事情上，只说："它的发生，是来祝福我的。"

44
第十四天　第四十四课

出现在我生命中的都是对我最好的

肯定语句

在每一件事情上，只说："它的发生，是来祝福我的。"

45

第十五天　第四十五课

我是永恒的

肯定语句

在每一件事情上，只说：“它的发生，是来祝福我的。”

46

第十六天　第四十六课

我的灵感来源自挚爱的宇宙

肯定语句

在每一件事情上，只说："它的发生，是来祝福我的。"

47

第十七天　第四十七课

我的生命充满了奇迹

肯定语句

在每一件事情上，只说：“它的发生，是来祝福我的。”

48

第十八天　第四十八课

我是和平的

肯定语句

在每一件事情上，只说：“它的发生，是来祝福我的。”

49

第十九天　第四十九课

我是可爱和充满爱的宇宙之子

肯定语句

在每一件事情上，只说：“它的发生，是来祝福我的。”

50

第二十天　第五十课

恐惧并不存在

肯定语句

在每一件事情上，只说：“它的发生，是来祝福我的。”

51

第二十一天　第五十一课

我是宇宙之爱

肯定语句

在每一件事情上，只说：“它的发生，是来祝福我的。”

52

第二十二天　第五十二课

无条件的爱包围着我

肯定语句

在每一件事情上，只说：“它的发生，是来祝福我的。”

53

第二十三天　第五十三课

宇宙全然地信任我

肯定语句

在每一件事情上，只说："它的发生，是来祝福我的。"

54

第二十四天　第五十四课

源头和我是一体的

肯定语句

在每一件事情上，只说：“它的发生，是来祝福我的。”

55

第二十五天　第五十五课

我感恩宇宙掌管一切

肯定语句

在每一件事情上，只说：“它的发生，是来祝福我的。”

56

第二十六天　第五十六课

我是自己的创造者，我祝福自己

肯定语句

在每一件事情上，只说：“它的发生，是来祝福我的。”

57

第二十七天　第五十七课

宇宙的意愿就是我的意愿

肯定语句

在每一件事情上，只说：“它的发生，是来祝福我的。”

58

第二十八天　第五十八课

我看见到处都是无条件的爱

肯定语句

在每一件事情上，只说：“它的发生，是来祝福我的。”

59

第二十九天　第五十九课

我认可我的真我

肯定语句

在每一件事情上，只说："它的发生，是来祝福我的。"

60

第三十天　第六十课

我时刻连接无条件的爱

肯定语句

在每一件事情上，只说："它的发生，是来祝福我的。"

Absolutely Effortless Prosperity | 附录

警醒于光

奇迹就有如野鸽一样

你越喂饲它们

它们越常出现

并带同朋友一起来

留意你的奇迹

附录

词汇解释

轻而易举的富足：是有关当下的存在，当下的一刻，我们是珍贵的宇宙之子，被提供一切所需，非常富足。要达到轻而易举的富足，我们不需要出自假我地做任何事，奇迹会自然而毫不费力地不断显现。我们成为自己宇宙的创造者，实现我们渴求的一切。要拥有轻而易举的富足，就是要处于全然的和平之中。

真我：是我们的中心，感受到平衡的、喜悦的、和平的我们，是内在真正的我们，与宇宙相连接，时刻感受到无限的能量。

假我（小我）：是我们出自恐惧所创造出来的，存在于心智中渺小的部分。假我热爱黑暗和混乱不安，并且喜爱黑暗、混乱不安的故事，它活在过去的罪咎与未来的恐惧中。假我阻碍和否定承袭来自创造者的天赋才能，它通过否定我们内在的善良，破坏我们向上成长的信心。假我以挑剔、评判、不安全、匮乏、分裂、牺牲和恐惧的语言与我们对话，当我们听从假我的声音时，最终的结果必然是混乱不安。

高级智慧：是无限的智慧，无限的光明，无限的能量，直接来有和宇宙的连接。

伸延：是宇宙创造的方式，它将自己伸延出去而创造了我们。当我们分享爱时，正如宇宙一样地伸延。

治愈：是我们的任务，治愈是当我们与兄弟姊妹的心灵结合、体验合一时所发生的一切。当我们在疗愈中联结，我们释放内疚感、罪恶感，并以喜悦与和平取而代之。

喜悦：是我们通往和平之门。

评判：是我们扭曲的观点。它是假我错误的信念，信以为真地对既有的事实加以评估判断和辨别。当我们评判他人时，我们真正评判的是自己。

光（灵性之光）：是一切带来喜悦、和平、爱、疗愈以及更深层灵性的觉悟。光是我们每个人神圣的存在，就是我们较高自我的光辉。

奇迹：是观感的转移，当生命之流川流不息、畅通无阻时，奇迹是事物的自然状态。通过灵性的协助和奇迹的显现，我们给予兄弟姊妹宽恕和爱，取代评判和攻击。奇迹产生一切的疗愈，让我们从罪咎、恐惧和愤怒中解脱。奇迹没有大小之分。

和平：是一种处于圆满、安宁的感觉，并允许光流经我们，容许奇迹更容易被察觉出来。它发生于我们活在当下的时刻，而非活在过去或未来。和平是我们最终的目标，我们因宽恕及爱而治愈，达到和平。

观感：是我们对世间一切的诠释定义，它被假我所扭曲，同时根据假我的评估判断而随时变化（参见《观感的转移》）。

投射：是我们为摆脱罪咎、恐惧和愤怒而推向他人或其他事物的过程。我们所看到的外在世界，不过是我们内在心智所认定的自己的反射。

富足：不只是拥有很多的财富，富足也是关于拥有绝佳的健康状况和良好的人际关系。如果没有这一切，我们不可能处于和平中。当我们处于和平中时，生命中的每一个领域都是富足的。

观感的转移：是选择以不同的角度来看待生命中的经验。我们聆听高级智慧的声音，将宇宙的爱伸延出去并带给我们和平，而不是听从假我的声音谈论恐惧和罪咎。观感的转移就是一个奇迹。

灵性：高级智慧向我们诉说爱、真理、喜悦和信心的语言，这些是我们与宇宙的合一。当我们跟随高级智慧的引导，我们体验到喜悦、和平、富足与成长。

故事：永远谈论着历史——关于过去。一个故事永远与当下时刻无关。通常假我会添加故事的戏剧性和夸张的程度，以得到更多的效果，当一个故事被用来作为奇迹的开端，它会给说者及听者带来混乱。

警醒于光：意指持续不断地观照和觉察我们的思想、所见、所听和所说。谨记我们在世上不是要来监视他人，我们在这里是要警醒于自己及与他人的互动中的光明。警醒需要有觉知地选择能让我们处于光明的思想、对话、活动和关系；警醒是关于存在，而非做；警醒是关于坚定不移。

附录

读者心声

《轻而易举的富足》给予我莫大的协助，它持续不断地每天帮助我，穿越生命中每一个重要的挑战。彼尚的教导让我们所研发、教导的课程更加完整、相得益彰，我将它推荐给我们的学员，而他们也因此取得超乎想象的成就。

——Bob Quintana，President of Anthony Robbins & Assocvates美国安东尼·罗宾教学机构总裁

我研习各种哲学、身心灵自我疗愈课程已超过三十年，从Casteneda（《巫士唐望的教诲》作者），Ram Dass（《活在当下》的作者），Yogananda（优格南达大师），Hays（《生命的重建》作者），到Dyer等许多知名大师，但是没有一个像《轻而易举的富足》如此深刻地影响我的生命。这一小本书，看似简单的课文练习，却能唤醒你内在灵性的力量，让你非常容易与你的较高自我联

结，且戏剧性地改变你的生命。彼尚教你（更贴切地说是他带领你如何教导你自己）为何你周围的一切景象，实际上是你认定世界的方式所创造的。我明白，历年来虽有成千上万的哲学家、心理学家和自然疗法大师都曾阐述同样的一件事，但彼尚方法的不同之处，非常强而有力的是他不会告诉你应该如何做，他是要你跟着三十天简单地练习课文，向你完全地证明这些观念，超越怀疑的幻象！如果您想要摆脱种种的恐惧、忌妒、评判与贫困匮乏，如果你想要以生命的喜悦、幸福、和平与富足取而代之的话，这本书将会让你看到那是如何简单就可以做到，完全让你感到惊奇，改变你的生命——感谢您，彼尚。

——Osworth，作家、顾问（Eugene，Oregon Forest）

《轻而易举的富足》这本书的内容看起来似乎很浅显，但每一篇文章、每一句话都蕴涵深意。彼尚老师用轻松、风趣、幽默的语言，提供了一整套从心灵到行动的修习方法，让我们从本书每天功课的练习中，获得了非常重要和难以跨越的一步，那就是：从知道转为做到。而通过这样内在的改变，我们就能够实现外在的改变——平安、自在、富足并且得到轻而易举的丰盛！

——张德芬，身心灵作家

彼尚所传达的概念和工具能增强潜能，激发与促进成长，他的教导帮助我在各个方面实现更高的效率，并协助我在经营专业团队和管理企业方案中保持高能量的展现。

——Elena Baranova， Accenture管理顾问公司（英国）

彼尚的信息威力强大，能提供给企业领袖和公司经理挖掘和平的力量，以轻松、喜悦达成各方面的成功、获得丰厚的利润和成长，而不仅是靠脑力的运作。要处于崭新的光明中看清事物，观感的转移是必要的，此书拥有关键之钥！

——Krishna S.， 发明家

彼尚的书实在神奇，他所教导的精神让我在专业领域和个人的各个方面都成为一个更好的人。

——Nina L. Paul，科学家、作家

我推荐彼尚的书，它能带给我莫大的喜悦。我真正地了解通过内在的和平和喜悦，我的生命、人际关系以及我所代理合作的企业都充满无限的可能性。

——Arthur Higginson，企划顾问公司

此书彻底改变了我的生命，我的事业蓬勃地成长，赚了更多的钱，与顾客、供货商和伙伴之间拥有圆满的人际关系，而且我的心境祥和、和平。

——Kamal Bhatia，企业老板

太不可思议了！我参加完“轻而易举的富足”研讨会后的第一天，就有奇迹发生，它改变了我的生命。我将此书推荐给所有想为生命带来更多丰盛、和平和幸福的人。

——Joey Reynolds，纽约WOR电台主持人

只有少数几位老师，在他们还没有说话之前，仅仅只是存在就能影响、改变人们的生命；只有少数老师是真正地“身体力行”；只有少数人如此清晰地了解这疯狂世界上的真理。如果你有幸见到彼尚出现在你面前——你就

会知道他所分享的智慧、爱与指导是如此难得的乐事，结果总是带来更多的和平、喜悦、爱与丰盛。

——Mary Allen，美国加州生活教练

我推荐《轻而易举的富足》给所有的公司老板、董事长及经理，要求你的员工一起阅读它，你会看到公司业绩与效率大幅度提高、抗争与缺席率减低。《轻而易举的富足》对每个人都很有帮助，它是办公室和家庭中的必需品。

——Lillis Crosby，美国加州总经理

彼尚文章的风格非常清晰而简洁。你只要跟随他的引导，打开你的心扉，作完奇迹三十天的练习后，就能了解到你掌握着你的生命、你的命运，而停止责怪他人为何让你无法达到应有的成功。因为这本书设计的是每日练习，所以读者只要跟随每日的课程，对书中的信息保持开放，真的是如此简单。彼尚持续不断地给全球人类的讯息：丰盛富足真的就在那里，只要允许它们进入！

——Susan Davlin，总裁 & 执行长，Real People出版集团总裁兼首席执行官

附录

关于作者

彼尚是一位让生命有所不同的人，他是一位国际知名的作家、演说家、“轻而易举的富足”研讨会的创办人、生活教练、治疗师、世界和平倡导者，行迹遍布世界各地，倡导健康、灵性、良好的人际关系及轻松自在的生活。

彼尚在伊朗出生，十九岁时来到美国。往后的数年中由于他天生的好奇心，促使他尝试踏上许多不同的道路，其中包括：他拥有一间健身房、曾做过调酒师、餐厅的总管、保镖、上大学、成功的房地产商人、通过合格许可执业的催眠师，1993年、1994年、2003年三度赢得世界健美先生自然组比赛冠军。

年轻时的彼尚很喜欢哲学和灵性的领域，促使他参加了许多不同的工作坊和训练课程，各种不同的宗教和形式的静心冥想。之后，他开始学习、练习《奇迹课程》，最后他教导、带领《奇迹课程》长达九年。

后来一段时期，彼尚发觉他的生命越变越好；20世纪90年代中叶，他的健康开始变得完美无瑕，之后就没有生过病而且每天都越来越健康。他的每一段关系都欢欣、和谐，宇宙经常从四面八方提供给他财务上的支持，同时由于持续不断地联结着高级智慧、较高自我、神圣的力量和源头无条件的爱，所以时刻得到生命中的和平。

就在此时，他的较高意识——彼尚将它称为高级智慧——现身，并要求他写一本叫做《轻而易举的富足》（Absolutely Effortless Prosperity）的书。彼尚承认他并非很接受这个主意，因为他从未觉得阅读或写作是一项特别欢乐的活动。无论如何，他终于同意了写书。

1997年2月，《轻而易举的富足》首次自费出版了，给那些参加三十天练习研讨会的小组学员作为学习材料。

一个月之内，拉斯维加斯“轻而易举的富足中心”即创立开幕，开始每周七天，从早到晚每两个小时就有一个奇迹分享小组的聚会。经分享奇迹、口耳相传，这本三十天简易而深具启发的练习手册开始改变许多人的生命。

接下来的两年中，彼尚在拉斯维加斯主持他个人的电台节目，时常出现在洛杉矶、旧金山、拉斯维加斯及纽约的各大电台及电视访谈节目中，亦成为WOR纽约国联电台节目*Joey Reynolds Show*的常客。彼尚进一步被指引出版儿童及青少年书籍、一本关于健康的书及整套的成人课程和静心冥想、肯定语句的光盘等——完全是跟随《轻而易举的富足》的精神法则。

彼尚和其他的讲师有何不同？除了他个人独特的幽默风趣之外，他总是身体力行。彼尚能看见和感觉到学员的能量、信念和思想系统。这个能力让他精准确切地知道如何与学员互动，知道说什么来协助学员释放负面的信念模式并提升他们的能量进入更高的层面。让参加的学员记起真实本我的真相，联结他们内在不可思议的力量，轻而易举地创造他们所渴望的一切。经他较高意识的指导，彼尚唯一的任务是：世界和平。他行遍世界各地传递轻而易举丰盛富足的信息，拥有许多渴望生命有所不同的追随者。彼尚的精神法则、书本、光盘、研讨会和工作坊等，目的是协助人们打开心扉，接受喜悦、和平和轻而易举的生活方式，而最终达成世界和平。

彼尚继续通过演讲活动、电视、电台、个案咨询和网站深入世界各地的不同民族。他带领许多学生去成立研读小组，在不同的环境及场合分享及实习《轻而易举的富足》的精神法则，许多团体的受众都获益良多。《轻而易举的富足》一书被翻译成为多国文字出版，包括西班牙文、波斯文、法文、意大利文、荷兰文、中文、日文、波兰文，它的光明继续稳步增长。

彼尚的理念言简意赅。基本的实相就是他语重心长的话：“当越来越多人开始体验喜悦、和平与丰盛的生活方式时，存在于不同国家、文化、宗教哲理间的障碍自然得以融化。”

后记

这不是你历程的终点，

而是你成长的开始！

敞开心扉去接受所有的可能性，

并且谨记你的真正身份。

跟你认为的自己没有关系，

但是外在所发生的一切事情，

正是你内在的呈现。

结语

这本书帮助你、支持你，

将思想集中在和平与灵性中。

你必须知道这是一个信念系统的世界，

这意味着无论你想什么、相信什么，

你都会体验到。

通过越来越多的体验，学习如何控制你的思想，

并且通过只谈和平、欢乐、爱和富足的每日课文，

很快就会留意到，你对每一种情况的不同想法，

你会真正体验更轻松自在的生活。